实·战·A·股·系·列·

U0678647

捕捉
翻倍黑马
十五招

（第二版）

李凤雷　著

经济管理出版社
ECONOMY & MANAGEMENT PUBLISHING HOUSE

第二版前言

捕捉市场中的黑马股，是投资者梦寐以求的事情。黑马股虽然经常出现，却不是每个投资者都能把握住的。实战当中，从近两千多只个股中挑选出黑马，还是比较困难的。特别是平日里的行情波澜不惊，大的行情没出现的时候，个股涨跌趋势不够明确，抓住黑马股非常困难。本书就是提供了一些捕捉黑马股的捷径，帮助投资者更好地实现资金增值。

很多投资者认为，黑马股是可遇而不可求的。但是笔者要说，关键是没有熟悉黑马股的走势套路，以及捕捉黑马股的方式方法。黑马股的拉升效率很高，稍纵即逝的交易机会要求投资者必须具备很好的捕捉黑马股的条件才行。什么是捕捉黑马股的条件呢？关键在于认识黑马和把握买点。

认识黑马，就是要认识黑马股的价格趋势、主力操盘方向和筹码形态。其中，主力操盘是重点，而筹码分布体现了价格波动中的支撑和阻力大小，也是投资者判断买入股票后价格上涨概率的关键。价格波动方向，则体现了黑马股走势的强弱，是投资者判断今后盈利空间的关键。

不同的行情当中，黑马股的走势特征会出现变动。不过，投资者可以有针对性地结合不同的买入特点，来把握实战当中的交易机会。特别是在不同情况下选择黑马股的交易机会，对于投资者的盈利非常关键。如果价格没能体现出理想的操作机会，投资者可以从本书第二部分当中提取信息。关于不同黑马股的交易机会，投资者必须先做到心中有数。对价格形态中反映出来的交易机会，本书有十五种情形提供给读者。

结合不同黑马股的走势特征，书中以提纲挈领的方式形象地总结了黑马股的形态特征，使投资者更容易理解黑马的精髓。例如，"月光宝盒，逆转时空——热点题材中捕捉翻倍黑马之二"就是非常典型的一个章节，将题材股中的翻倍黑马，比作能够逆转时空的月光宝盒。题材股快速被市场认可，低估值的黑马股由此加速飙升，投资者若能在这些黑马出没的题材股中甄选个股，还是有机会获得丰厚盈利的。既然是黑马股，就是市场中不容易被发现的地方出现的个股走势。普遍的热点题材，很多投资者都能够略知一二。从热点中选出能够翻倍的黑马股，需要方法、需要捕捉黑马的策略。结合现实的黑马股的走势特点以及实战操作方法，投资者在捕捉黑马股中获利，将非常容易做到。

前　言

在股市中，尽可能获得最大的利润是每一个投资者的终极目标，而能创造最大收益的个股无疑是那些具备了翻倍潜力的黑马股。这些黑马股是否有特征可循？这些特征体现在哪些方面？我们应从哪些方面入手来发现黑马股的特征，并在其启动前及时介入呢？能否正确地解答出这些问题，不仅取决于我们已有的技术分析能力，更取决于我们是否能够灵活地运用捕捉翻倍黑马股的工具，是否有灵活多变的手段去发掘并捕捉翻倍黑马股。可以说，掌握了这些要领，就等于拥有了让资金不断翻倍的金钥匙。本书秉持着这一核心要素，力求让读者能够真正地掌握股市捕捉翻倍黑马股的绝技。

在结构安排上，我们运用了循序渐进的方式，本着由点及面、由基本功到高能力的原则，全书共分三部，它们构成了一个有机的整体，可以让读者形成完备的捕捉翻倍黑马股的系统知识。

"工欲善其事，必先利其器。"在上部利器篇中，我们重点论述了趋势的运行规律、成交量的运用原则、主力行为解析、筹码分布形态这四个方面的内容，可以说，这四个方面的内容既是捕捉翻倍黑马股的预备知识，也是投资者加深对于股市运行情况的必备知识，它们就相当于我们手中的兵器一般，是我们克敌制胜不可或缺的工具。

"授人以鱼，三餐之需；授人以渔，终生之用。"黑马股总是有某些共性的，它们通过各种各样的运行形态、量能变化、以前的相关信息向我们发出信息，但如果我们不能破译这些信息，黑马股将与我们无缘。"股市是一个制造财富的场所"，但这句话却仅适用于那些善于分析、手段高超的投资者。在中部招式篇中，我们将运用各种手段、各种招式在结合大量实例的情况下，以细致入微的分析方式，来分析为何一只个股可以特立独行、成为翻倍黑马股。理解了这些招式并能熟练地运用这些招式，投资者既可以耐心地等待市场所创造出的机会，也可以在结合自然操盘经验的基础上发明新的招式。因为我们在讲解过程中，绝非是单纯地解释如何运用这一招式，而是结合这一招式并以时间为序，运用推理的思维方式，向读者展示黑马股形成的原因、启动前的迹象，理解黑马股的内在的形成原因及外在的盘面表象，于是我们可以在此基础上去创造出自己的分析手段。

在下部的综合实战篇中，我们把中部里介绍的多种招式结合起来，根据图从全面的角度来分析黑马股。好的招式是我们克敌制胜的关键，如果我们可以融会贯通地运用这些招式并将这些招式演练成熟悉的套路，则我们的成功率无疑会得到更大的提高。在下部中，读者也将学会一种综合性的思维方式，而这正是我们制胜的法宝。

在编写此书的过程中，得到了石娟、俞慧霞、马连平、杨慧艳、韦志夫、刘文婷、曹刘霞、谢荣湘、张彩玉、王海涛、石国桥、李顺安、张良钊、张玉梅、王站鹏、李星野、黄俊杰、张超、伍拥军等人的大力支持，在此一并致谢！

目　录

下部　捕捉黑马股——综合实战篇

上部

捕捉黑马股——利器篇

利器1 钝刀——趋势运行规律与 成交量八准则

"刀"以雄浑、豪迈而驰名，在武侠世界中是首屈一指的兵器，位于十八般武器中首位。古龙认为："剑是优雅的，是属于贵族的；刀却是普遍化的、平民化的。剑有时候是一种华丽的装饰，有时候是一种身份和地位的象征，在某种时候甚至是权力和威严的象征，而刀不是。"对于练武之人来说，"习刀"也便成了基础本领，在武术的领域中要想取得突破性的进展，不打下良好的基础是不行的，练武之人首先练习刀法不仅可以快速入门，而且还可以为以后向高层次进阶打下基础。即使仅仅只是练好刀，也一样可以达到登峰造极的境界。在武侠大家古龙的笔下，除了著名的小李飞刀外，萧十一郎、傅红雪、朱猛等绝顶高手所使用的兵器依然是刀。同样，在股票的世界里，初入股市的新手投资者要想向成功的交易者进阶，也一定要打好基础，而掌握好"趋势运行规律"与"量价原理"就是投资者快速入门并打下良好基础的必备课程，如果对这两方面做到深入理解、融会贯通，就可以无往不胜。可以说，股市中的"趋势运行规律"与"量价原理"就相当于武侠世界中的"刀"，它们既是新手快速入门的捷径，也是高手返璞归真之道。

第一刀 临阵磨刀——深入理解道氏理论，开启技术分析之门

"临阵磨刀，不快也光"，在我们利用技术分析捕捉翻倍黑马股的征途中，首要的前提条件是打好技术分析能力的根基，而系统性地理解道氏理论无疑是我们步入技术分析领域的绝佳起点。

回顾个股的走势，我们发现绝大多数股票的走势都与大盘指数的运行轨迹较为相似，它们虽然并不完全吻合，但是也往往呈现出齐涨共跌的形态。或许个股之间最大的区别就在于其涨幅、涨势、跌幅、跌势的不同，这种现象提示我们要想更好地把握个股的走势，就要从其运行的宏观背景中去考察，而这种所谓的宏观背景正是我们所要讨论的大势，即股票市场的整体运行情况。

世界上自有股票市场以来，由于投资者通过股市可以获得超额的回报，股市以其诱人的魅力吸引了无数人的才智，于是一些投资理念、一些揭示市场运行规律的经典理论也就涌现出来，它们为投资者研究股市的运行打开了技术分析之门。在众多的股市理论中，最为经典、最能得到投资者共鸣的理论恐怕要数道氏理论了。道氏理论是技术分析领域中的鼻祖，它成功地从宏观的角度解读了股市运行的规律，其中对于股市趋势性的阐述堪称经典，后来出现的很多技术理论、技术分析方法都是在此基础之上展开的，而道氏理论自然也成了技术分析中的奠基之作。在这里，我们就来结合道氏理论解读一下股市运行的规律。

道氏理论是技术分析中的基础理论，也是所有市场技术研究的鼻祖，道氏理论起初来源于纽约道·琼斯金融新闻服务的创始人、《华尔街日报》的创始人和首位编辑查尔斯·亨利·道（1851~1902年）的社论。1902年，在查尔斯·亨利·道去世以后，威廉姆·皮特·汉密尔顿（William Peter Hamilton）与罗伯特·雷亚（Robert Rhea）在这一理论的基础上又对其加以完善，这两人所著的《股市晴雨表》《道氏理论》成为后人研究道氏理论的经典著作，我们

现在所见到的道氏理论就是后人对这三人有关股市的评论和思想加以整理、归纳的结果，从而形成了我们现在见到的道氏理论。"道氏理论"的伟大之处在于其宝贵的哲学思想并为后人开启了技术分析的大门，从此之后，许许多多的技术分析方法如雨后春笋般破土而出，这些技术分析方法或多或少地都参照了道氏理论。

道氏理论是一种反映股市总体运行规律的理论，这从查尔斯·道的研究方法中即可看出，在提出较为系统性的道氏理论前，查尔斯·道率先使用了通过指数的方式来反映市场总体的趋势这一方法，这一指数就是广为人知的道·琼斯指数。道·琼斯指数通过选择一些具有代表性的股票构成样本空间，通过一定的计算方法，以样本空间中股票的平均价格来得出指数变动情况，进而解读股市整体的运行情况。查尔斯·道在 1895 年创立了股票市场平均指数——"道·琼斯工业指数"，该指数诞生时只包含 11 种具有代表性的公司的股票，其中有 9 家是铁路公司，采用算术平均法进行计算编制而成。自 1897 年起，道·琼斯股票价格平均指数开始分成工业与运输业两大类，其中工业股票价格平均指数包括 12 种股票，运输业平均指数则包括 20 种股票，并且开始在道·琼斯公司出版的《华尔街日报》上公布。查尔斯·道所提出的这种编制指数的方法比较客观地反映了股市的总体走势，也因而受到了越来越多投资者的关注，成为股票市场的"晴雨表"。

正是基于对指数走势的研究，查尔斯·道才提出了反映股市运行规律的道氏理论，下面我们就来看看道氏理论的核心内容有哪些，道氏理论又是如何阐述股市运行规律的。

一、道氏理论的三条假设

任何理论、任何定理都有一定的出发点，这些前提条件是毋庸置疑的陈述，也可以说是一种未经证明的前提或信念，在几何学中，几何学是建筑在几条基本公理之上的，这些公理就构成了几何学系统中的"假设"。同样，对于系统性较强的道氏理论，它同样离不开"假设"的支持，它们是道氏理论的基石，在一定程度上也可以说是股市技术分析领域中的基石，可以说，要成功地运用道氏理论，必须首先毫无保留地接受这些假设。理解这些假设可以让我们从一个更深的层次来审视道氏理论，在实际应用时也才能得其精髓，下面我们就分别来看看道氏理论所依据的三条假设。

1. 主要趋势（primary trend）的运行不受人为操纵影响

在道氏理论中，它并没有否认投机者、主力资金等人为因素对于股市波动的影响。指数的一日走势或者数天、数星期的波动都有可能受到人为操控的影响，但这种影响只是局部的，它可能影响到股市的局部走势（如在道氏理论中提及的短期趋势及次等趋势），但是不会影响到反映股市总体运行大方向的主要趋势（也称基本趋势），主要趋势的运行是有其客观规律的，而道氏理论要做的正是去发现主要趋势的这种客观运行规律。

2. 市场平均指数走势反映和包容所有信息

道氏理论是以通过绘制指数的方式来描述股市整体运行情况的，指数的走势是由股市内投资者的共同力量所决定的。在股市中，人们每天对于诸如财经政策、扩容、领导人讲话、机构违规、社会生活中的重大事件等层出不穷的消息、题材不断加以评估和判断，并不断地将自己的心理因素反映到市场的决策中，可以说，导致投资者做出买卖决策的各种信息均已反映到了投资者的买卖行为中，在这一显而易见的根据下，道氏理论认为：市场平均指数走势反映和包容所有信息，平均指数反映了无数投资者的综合市场行为，在其每日的波动过程中包容消化了各种已知的可预见的事情，以及各种可能影响市场总体供给和需求关系的情况。

3. 道氏理论阐述的是客观事实，而不是主观臆断

我们也可以认为股市的运行的确是存在着规律的，这一论断是基于股市的实际走势，也经受住了时间的检验。由于道氏理论是研究股市总体运行规律的理论，因此，如何客观、准确地揭示出这种规律就成了它的核心任务。投资者在运行道氏理论时应注意到，道氏理论是一种阐述股市客观运行规律的理论，而非主观的臆断，若想成功地运用道氏理论进行投机或投资，就需要深入研究，并客观判断出市场的运行规律。当主观地使用道氏理论，不顾市场的实际走势情况时，就会不断犯错、不断亏损。对于绝大多数投资者来说，其亏损的根源就在于往往以主观臆断的方式去理解股市的走向，而不是去深入研究、客观地分析股市走势，成功者成功的根源就在于他们是客观地跟随股市运行，而不是去主观地臆断股市运行。

二、道氏理论的六大核心内容

1. 股市运行存在着三种趋势

道氏理论的最成功之处在于提出了股市运行中的"趋势"概念，那么，什么是趋势呢？世界万物都是按照一定的规律变化发展的，人类对一切事物的研究和探索，归根结底都是在寻找规律、总结规律。趋势是众多"规律"中的一种表现形式，根据汉语词典，趋势的意思是"事物或者局势发展的动向"，当人们用"趋势"这个词来表示一个事物的状态时，目的是"对一种模糊的、不够明确的、遥远的运行方向采取行动"。研究趋势是去发现一系列连续发生的事件，从中归纳出线性的发展方向，而预测趋势则是去分析未来某段时间内，某个趋势将会产生什么样的方向性变化。为了更好地理解股市中"趋势"这一概念，我们先来看看物理学中"惯性"这一概念，它有助于我们理解股市中的"趋势"这一概念。在物理学中，惯性定律被表述为："任何物体在不受任何外力的作用下，总会保持匀速直线运动状态或静止状态，直到有外力迫使它改变这种状态为止。"同理，在股票市场中，我们也可以将股市运行的趋势理解为："当股市处于一种较为明确的大方向运行时，若没有外在因素使这种状态发生明显改变，则上涨、下跌或横盘震荡的走势仍将持续下去。"

道氏理论依据时间周期将股市运行的趋势划分为三种，即主要趋势、次要趋势、短期趋势。主要趋势是大规模的、中级以上的上下运动，通常持续一年甚至数年之久，并导致股价增值或贬值20%以上。主要趋势在其演进过程中穿插着与其方向相反的次要趋势。次要趋势是价格在其沿着基本趋势方面演进过程中发生的阶段性回调，它们可以是在一个牛市中发生的中等规模的下跌或回调，也可以是在一个熊市中发生的中等规模的上涨或反弹。正常情况下，它们持续3周时间到数月不等，但很少再长。短期趋势一般是指小于6天并且基本没有超过3周的短期价格波动，从道氏理论的角度来看，其本身并无多大的意义。

了解长期趋势（主要趋势）是成功投机或投资的最起码条件，只有在明晰主要趋势的情况下，我们才可以更好地展开操作。成功投资者要对大势有一个准确的判断才能尽可能多地从这个市场中获利并规避它所带来的风险。

而成功投资者的主要策略也是十分简单的，那就是在主要趋势向上时，应做到买入并持有；而当主要趋势向下时，则应卖出并观望。这一看似简单的战略实施起来却并不容易，因为投资者往往并没有注意到道氏理论的客观性，而多是凭主观臆断来盲目地解读市场运行趋势。

图 1-1 为道氏理论中的主要、次要、短期趋势示意图。图中标注从数字1 到数字 6 的整个过程为基本趋势（在此为基本上升趋势，即主要趋势运行方向向上），图中标注的类似于"从数字 2 到数字 3"以及"从数字 4 到数字5"这两个过程为次要趋势（在此为上升趋势中的回调走势），图中标注的类似于"从英文字母 A 到 B"这样的过程为短期趋势。

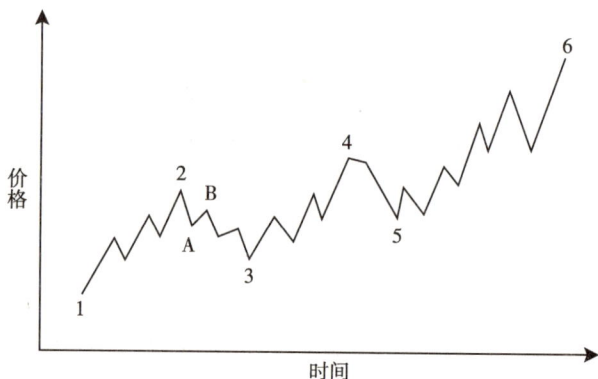

图1-1　主要、次要、短期趋势示意图

2. 上升趋势包括三个阶段

当主要趋势的运行方向向上时，我们可以将这一主要趋势称为上升趋势，也可将其称为"多头市场"或"牛市"。牛市是一种整体性的上涨走势，由于经济情况好转与投机活动转盛，其平均持续期间极长，且价格上涨幅度也较大，上面阐述的"主要趋势"这一概念仅仅是对于股市运行的宏观解读，它无法让我们明确地把握主要趋势的运行规律，而将其依据运行方向划分为多个阶段则有助于我们全面地了解它的运行规律、运行方式。

道氏理论把上升趋势（牛市）划分为三个阶段：第一阶段是进货阶段，人们对于未来的市场充满信心，一些有远见的投资者觉察到暂时的不景气情况将逐渐消退，因而进行积极的布局，把那些因信心不足的投资者所抛的筹码买进来，这也为后续的上涨累积了多头能量。第二阶段是稳定的上升阶段，交易量随着公司业务的景气程度不断增加，同时公司的盈利开始受到关注，股价对于已知的公司盈余改善产生反应。在这一阶段，采取稳健的买入并持有的策略往往可以获得可观的利润。第三阶段是非理性的狂热及见顶阶段，这阶段的股价上涨是基于期待与希望，所有信息都令人乐观，价格惊人地上扬并不断创造"崭新的一页"，市场的走势已经不是基本面和技术面能解释得了的了，但这种过度的上涨也耗尽了多方的最后一丝能量，市场正在酝酿暴跌。在第二节中，我们会结合实例详述这三个阶段，以期读者可以深刻地理解趋势运行的细节。

3. 下跌趋势包括三个阶段

当主要趋势的运行方向向下时，我们可以将这一主要趋势称为下跌趋势，也可将其称为"空头市场"或"熊市"。熊市的产生既源于对股市非理性暴涨的修正，也源于各种不利因素的影响。如果说牛市是一个投资者情绪不断高涨的过程，那么熊市则是一个投资者恐慌情绪不断加剧的过程。

道氏理论把下跌趋势（熊市）划分为三个阶段：第一阶段是出货阶段，随着买盘做多动力不足且无力再次推升股价，由于股价的滞涨走势引发了投资者开始获利了结，这时有远见的投资者感到交易的利润已达到一个反常的高度，因而在涨势中抛出所持股票；第二阶段是卖压持续增加而买盘无意入场的阶段，基于一系列的利空因素，如经济状况与企业盈余的衰退、失业率的上升、财政出现巨额赤字、银行出现坏账等因素，使得越来越多的投资者加入到卖方阵营中，而买盘则无意入场，价格也在大量抛压之下出现急速的深幅下跌；第三阶段是恐慌性抛售后的见底阶段，那些在大恐慌阶段坚持过来的投资者或是由于信心不足或是看不到市场上涨的希望，而价格走势似乎也没有明显的止跌迹象，因此他们急于抛售求现或至少抛售一部分的股票，然而最坏的情况已经被预期了，已经在股价上过分地体现出来了，空方力量开始不足，空头市场在坏消息频传的情况下已开始出现止跌形态。在第二节中，我们会结合实例详述这三个阶段，以期读者可以深刻地理解趋势运行的细节。

4. 成交量形态是对基本趋势运行的有效验证

成交量会随着主要的趋势变化，当股市在不同的趋势中运行时，成交量往往也会呈现出典型的形态特征。例如，牛市中价格上升，成交量增加，这说明主要趋势在持续运行过程中获得了越来越多的认可，这是趋势可以持续下去的保证；在牛市中价格回调，成交量萎缩，这说明了空方力量并不充足，它仅是整体性上涨过程中少量获利盘了结出局造成的。因此，据成交量也可以对主要趋势运行的可靠性作出一个判断，"交易量跟随趋势"也正说明成交量对价格的验证作用。

道氏理论强调的是市场的总体趋势，是基本运动，在道氏理论中，判定市场的趋势运行状态最终是由价格走势来体现出来的，成交量只是我们在研判趋势运行时的一种辅助工具，或是在一些有疑问的情况下提供解释的参考。而且，成交量并非总是跟随趋势，例外的情况也并非少见，尤其是期望仅仅从一天或几天的交易量中得出有价值的结论，是缺乏依据的。

5. 两种指数必须互相验证

查尔斯·道创建的道·琼斯指数由工业平均指数和铁路平均指数构成（现已发展为工业指数、运输指数和公共指数），这一表述内容可以说明针对它所特有的指数编制方法。在这种指数编制方法中，任何一种指数的走势都不足以完全反映市场的整体运行情况，因此对同一个股票市场来说，某一单独的指数产生的变化都不足以构成整个市场趋势改变的信号。

如果两个指数朝着同一个方向运行，那么市场运行方向的判定就顺理成章了；反之，如果两个指数的运行方向不一致，则表明市场的基本运行方向仍处于不确定的状态，此时投资者更应冷静观察。这一原则也是道氏理论中最富有争议的一个，但是这一原则已经经受住了时间的考验，由于以多种指数来表示股市整体运行情况的这种编制方法并非见于各国的股市中，因此这一内容更适用于道·琼斯所表述的美股走势中。对于国内股市而言，我们的上证指数这种单一的指数就可以完善地反映出市场的整体运行结果。

6. 只有出现明确的趋势反转信号时，才预示一轮趋势的结束

市场趋势的形成不是由于偶然的因素，它是一个由量变到质变的过程，基本趋势的最大特点就在于一旦它选择了明确的运行方向，就会具有极强的惯性，无论是基本的上升趋势也好，还是基本的下跌趋势也罢，一个已形成的趋势，如果没有强大外力作用，通常会继续发展下去，而且其累计涨幅或跌幅往往往会达到惊人的程度。在趋势反转之前提前判断趋势结束是非常困难的，而且，道氏理论基于对股市实际走势的大量分析，认为一轮趋势的反转

是有征兆可循的，这就是提示趋势运行结束的趋势反转信号。牛市不会永远上涨而熊市也迟早会跌至最低点，当牛市或是因为成交量形态已明显背离价格走势，或是由于两种指数的运行方向出现了背离时，这些都是我们可以看到的较为明确的趋势反转信号。同样，对于熊市来说，当熊市步入到结束阶段时也是有明确的趋势反转信号的。

这一原则也可以说是一条操盘原则，这条规则也并非意味着在趋势反转信号已经明朗化以后，一个人还应再迟延一下他的行动，而是说在经验上，我们等到已经确定了以后再行动较为有利，以避免在还没有成熟前买进（或卖出）。对于普通投资者来说，我们判定既有的趋势运行方向可能不难，难就难在普通投资者往往都会因恐高或抄底的习惯凭主观臆断去推测趋势运行的顶部与底部，从而导致了在一轮牛市中，因过早地认为市场已到了顶部而提前了结平仓，从而错过了大好的牛市，也错失了可以获取更多利润的机会；而在熊市中又往往因其快速下跌而错误地认为市场已跌无可跌，在失误后也不能尽快平仓降低损失。在这种主观臆断趋势近乎结束的行为下，最后的结果可能是牛市中只赚到了很少的利润，而在熊市中却受到了较为严重的损失。

三、道氏理论的不足之处

道氏理论的优点是显而易见的，它为我们打开技术分析之门，使我们对于股市运行的规律有了更为深刻的认识，为我们步入技术分析领域、理解并预测股市的运行打下了坚实的基础。但是，道氏理论毕竟只是从一种较为笼统的方式来阐述股市的运行，在我们将其应用股市实战中时，也应注意到它的不足（或者说明不完备）之处，只有既了解它的优势，还了解它的不足，我们才可以横向对比分析、博采众长、为我所用。

（1）道氏理论无法预测趋势的持续时间及持续力度。道氏理论仅仅指出了基本趋势一旦出现就会因极强的惯性持续运行下去，直至发出明确的趋势反转信号为止，就好像物理学里牛顿定律所说，所有物体移动时都会以直线发展，除非有额外因素力量加诸其上；至于这种趋势的升幅或者跌幅无法根据道氏理论来判断，所以在一轮趋势刚起步或正在运行途中时，我们通过道氏理论发现趋势并追随趋势往往是有利可图的，但是如果在趋势即将结束时或者是结束前的一段时间内去追随趋势，则往往要承担较大的风险，稍有不慎就会面临趋势反转所带来的不利局面。应用道氏理论判断出基本趋势并追逐趋势是有利可图的，但是道氏理论却无法指出这轮大趋势的顶或底在哪个区域，如果在错误的时机（比如牛市的顶部、熊市的底部）仍旧以原有的趋势发展方向来应用道氏理论就会出现严重的操作失误。可以说，道氏理论只能推断股市的大势所趋，却不能推断大趋势里面的升幅或者跌幅将会到达哪个程度。

（2）道氏理论在实际应用中每次都要两种指数互相确认，这两种指数相互确认的方法更适用于以两种指数或多种指数反映股市运行情况的个别股票市场中，它有一定的局限性，并且两种指数相互验证的方法也具有明确的延时性，如果等到两种指数相互确认时才去明确地判定趋势的运行方向，往往会错过好的入货机会和出货机会，在操作上会慢半拍。

（3）道氏理论主要是用于研判大势方向的，对于中期趋势、短期趋势，或在大趋势运行方向不明确的市况下是难以发挥其功用的，而且道氏理论是研究股市整体走向的理论，它对于个股的选择并没有多大帮助。

第二刀 抽刀断水——明晰股市运行规律，顺势而为方为上策

"抽刀断水水更流"，水往低处流是自然规律所造成的，想凭一己之力去阻碍自然规律显然是不自量力的行为，我们的行为只有遵循客观规律，并对其加以应用才能取得良好的效果；同样，在股市中，价格的走势也有其客观规律性，这就是趋势。在技术分析领域，趋势的概念绝对是核心内容，在市场上，"要顺势而为"、"不可逆势而动"既是经验之谈，也是获利之道，在上升趋势中做空，在下降趋势中做多，都要承受巨大的损失。在道氏理论中，我们已对趋势这一概念有了一定的了解，本节中，我们将结合移动平均线与趋势线这两个反映趋势运行的有效分析工具并在结合实例的基础上来进一步地认识趋势运行的方式及特点，以期读者可以将学到的关于趋势的理论

应用到实盘操作中。

一、细节中理解趋势的运行

依据道氏理论，趋势可以依其持续的时间长短分为基本趋势、次等趋势及短期趋势，但是在实盘操作中，我们往往会依据基本趋势的运行方向将其分为三种，即基本上升趋势（以下简称上升趋势）、基本下跌趋势（以下简称下跌趋势）、横盘震荡趋势（以下简称盘整趋势），以此来讨论股市处于哪一种趋势中，即股市的运行大方向是什么。

图 1-2 为上证指数 2005 年 12 月至 2009 年 3 月期间走势图，A 股在此期间完成了一轮牛熊交替的走势，通过 A 股市场中实际出现的这种上升、下跌趋势，我们可以对三种基本趋势（上升趋势、下跌趋势、盘整趋势）有一个更为直观、清晰的认识。

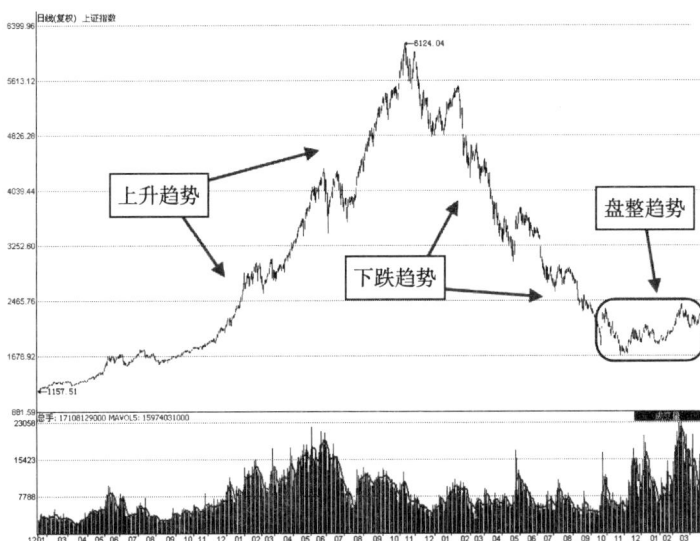

图 1-2　上证指数 2005 年 12 月至 2009 年 3 月期间走势图

要认识趋势，我们就要以辩证的眼光来看待价格的运行，无论是当日的最高价、最低价，还是开盘价或收盘价，它们都仅仅是漫长的价格运行中的一个环节而已，而不是一个终点。在上升趋势中，价格会总体向上推进而在局部则有可能出现回调；反之，在下跌趋势中，价格会总体向下运行而在局部则有可能出现上涨，局部的走势无法改变整体运行的状态。对于基本趋势的运行方向，我们要以中长线的眼光来审视，不要因一时的股价波动而受到蒙蔽。对于上升趋势、下跌趋势、盘整趋势，我们可以以"波峰"和"波谷"这两个概念来更好地理解它们的运行特点，我们可以把价格的整体运动看作是由一系列的波动所组成，这些波动有时会朝一个方向发展，并产生明显的波峰和波谷，而所谓的趋势正是由这些波峰和波谷依次上升或下降的方向所构成的。上升趋势的运行过程就是：每一个后续价位上升到比前一个价位更高的水平，而每一次上升途中的回调所创下的低点都高于近期前一次上升过程中回调的低点，即每一波的价格上升走势所形成的波峰与波谷均要高于前一波价格上升过程所形成的波峰与波谷，它由一系列上升的峰与谷组成；反之，下跌趋势的运行过程则是每一波的价格下跌过程所形成的波峰与波谷均要低于前一次价格下跌过程所形成的波峰与波谷，它由一系列下降的峰与谷组成；盘整趋势则是由一系列横盘延伸的波峰与波谷组成。通过波峰与波谷的运行情况，我们可以清晰地看到价格的趋势运行方向，从而为实盘操作打好基础。

在理解趋势运行时，我们一定要把准趋势运行的级别，同样的一波下跌走势既有可能是下跌途中的主跌浪，也有可能是上升途中的回调浪；同样的一波上涨走势既有可能是上升途中的主升浪，也有可能是下跌途中的反弹浪。只有看清楚了趋势的级别，才能更好地把握趋势的运行情况，才能更好地展开实盘操作。

此外，同样的上升趋势或下跌趋势往往也会以不同的形式出现在我们眼前，同样的上升趋势，既有可能是慢牛爬升式的30°角上涨，也有可能是稳健的45°角上涨，也有可能是90°角的火箭式上涨，对于不同的上涨方式，我们既要结合当时的市场环境来判断，也要注意每一种上涨走势的力度与牢靠程度，这些都是保证我们实盘操作成功的要素。我们会在随后的章节中结合实例来解析不同形式的上涨。

二、通过趋势线理解趋势的运行

趋势线是根据股价上下变动的趋势所画出的线路，画趋势线的目的在于反映趋势进行的状态并依据趋势线寻找买点与卖点。根据价格的运行方向，我们可以把趋势线分为上升趋势线、下降趋势线和横向整理趋势线。在实际应用中，上升趋势线与下降趋势线的实盘操作意义要更大一些。

在价格总体处于向上运行的上升趋势中时，我们可以通过连接价格一波回调后的低点来得到趋势线。由于在上升趋势中，价格处于一谷高于一谷的走势中，因而上升趋势线是一条向上倾斜的直线，而且价格是在趋势线之上运行，趋势线对价格的上升形成了有力的支撑，故上升趋势线也常被称为支撑线；与上升趋势线刚好相反的是下降趋势线，在价格总体处于向下运行的下跌趋势中时，我们可以通过连接价格一波反弹后的高点来得到趋势线，由于在下跌趋势中，价格处于一峰低于一峰的走势中，因而下跌趋势线是一条向下倾斜的直线，而且价格是在趋势线之下运行，趋势线对价格的上涨形成了有力的阻挡，故下跌趋势线也常被称为阻力线。此外，在画上升趋势线的时候，我们还可以通过连接每一波上涨后的高点来得到一条直线，于是股价便在这条直线与上升趋势线内上下波动，这就是上升趋势轨道；依据同样的方法，我们还可以得到下跌趋势轨道。可见，透过趋势线，我们可以很直观、清晰地看到价格运行的趋势性。

图 1-3 为江铃汽车（000550）2009 年 1 月 5 日至 12 月 22 日期间走势图。此股在此期间价格处于总体向上运行之中，即处于上升趋势中。如图标注所示，通过将每次回调后的低点进行连接，我们就可以得到此股的上升趋

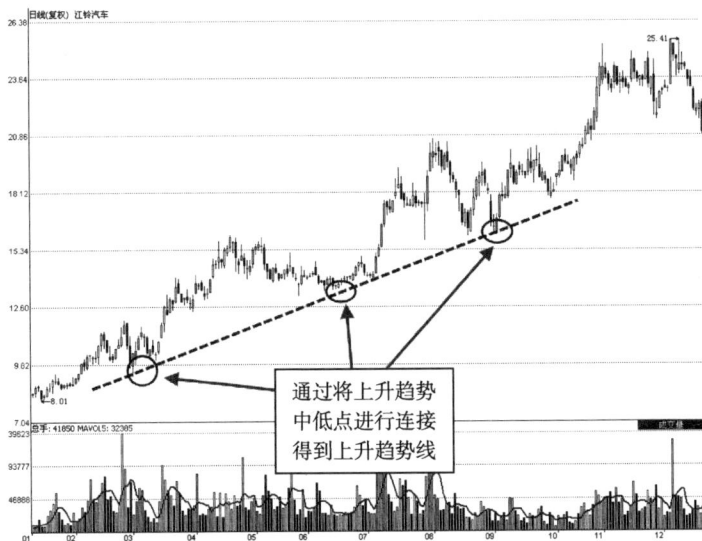

图 1-3　江铃汽车上升趋势线示意图

势线，可以看出，上升趋势线直观地体现了此股的上涨走势，并且对股价的持续上涨形成了有力的支撑作用，这就是上升趋势线对于上升趋势直观、准确的反映，它是我们研判趋势运行时必不可少的利器之一。

图1-4为创元科技（000551）2008年1月25日至10月14日期间走势图，此股在此期间价格处于总体向下运行之中，即处于下跌趋势中，如图标注所示，通过将每次反弹后的高点进行连接，我们就可以得到此股的下降趋势线，可以看出，下跌趋势线直观地体现了此股的下跌走势，并且对股价的上涨形成了有力的阻挡作用，这就是下降趋势线对于下跌趋势直观、准确的反映，它是我们研判趋势运行时必不可少的利器之一。

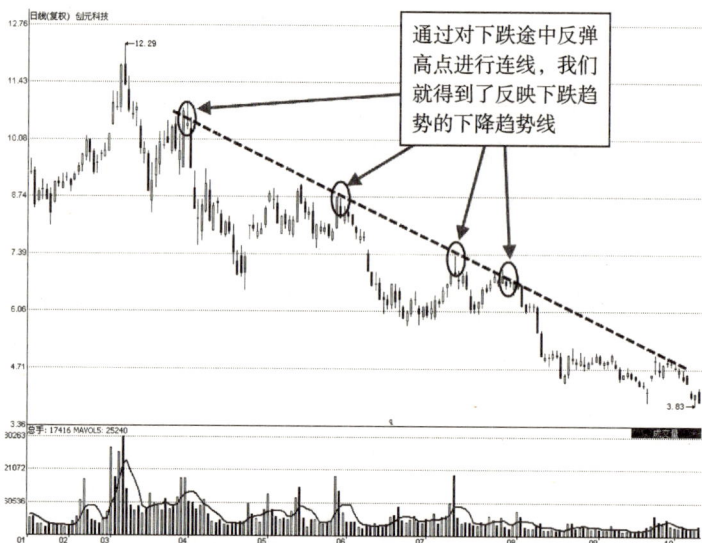

图1-4 创元科技下降趋势线示意图

趋势线的主要作用在于显示趋势运行的状态，如上升趋势或下跌趋势，目前是处于持续发展过程中，还是处于趋势转向中。此外，趋势线也是指导我们买卖操作的重要工具之一，在上升趋势中，我们可以在股价回调到趋势线时采取加仓买进的策略，而在下降趋势中，我们则可以在股价反弹至趋势线附近时减仓卖出。在实盘操作中，笔者总结了以下几点关于趋势线的使用方法，下面就来逐一解读。

1.趋势线的可靠性取决于其所连接的点数

趋势线并不是客观上存在的，它是我们基于股价的波动形态而人为主观地画出的，至于这条主观意义上画的线在多大程度上可以正确地反映趋势的运行状态，既取决于我们的技术分析能力，也取决于我们对趋势的理解。好的趋势线可以客观准确地反映出总体趋势的运行情况，而且可以有效地覆盖上升行情或下跌行情中的大部分走势，这也就是说，趋势的真正意义是能指示出行情的发展方向，一条好的趋势线应该能覆盖 80% 以上的行情走势。

如果投资者在实盘操作中经常运用趋势线这一工具就会发现，趋势线上所连接的点的数量越多，此趋势线的可靠性也越高，这一结论是实盘经验的总结，我们也可以对其进行合理的解释，因为当更多的点数出现在上升趋势线中时，代表了这些点所连成的直线对于股价的下跌构成了有力的支撑；当更多的点数出现在下降趋势线中时，代表了这些点所连成的直线对于股价的反弹构成了有力的阻挡。

图 1-5 为友好集团（600778）2008 年 9 月 17 日至 2010 年 1 月 6 日期间走势图，此股在此期间处于稳健的上升通道之中，从图中画出此股的上升趋势线可以看到，这一趋势线连接了较多的低点，而股价也良好地始终运行于趋势线的上方，可以说，这一条趋势线客观体现了股价走势，它可以帮助我们有效地识别此股的趋势运行状态，也可以帮助我们实施上升途中的买入策略。

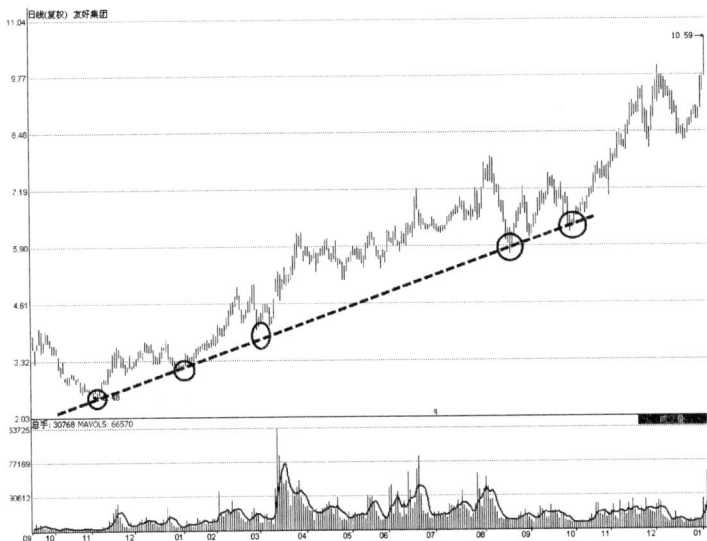

图 1-5　友好集团上升趋势线示意图

2. 趋势线的可靠性取决于它所反映的时间长短

趋势线是反映市场基本趋势运行方向的，并不是反映个股短期波动的，因此，在画趋势线时，第一点和第二点的距离不应太近，如距离过近，则所形成的趋势线无法反映价格的总体运行方向，其准确度将降低。

图1-6为大唐电信（600198）2009年1月19日至11月12日期间走势图，此股在前期处于稳健的上涨走势中，随后于相对高位区出现横盘震荡形态，且在横盘震荡后期出现了一波向下跌破横盘区的走势。如图标注所示，如果我们依据这一波的下跌走势画出所谓的"下跌趋势线"则是不准确的，因而这一条"趋势线"所连接的两个高点距离太短，它只能反映个股短期波动情况，而无法客观准确地反映出价格的总体运行趋势。

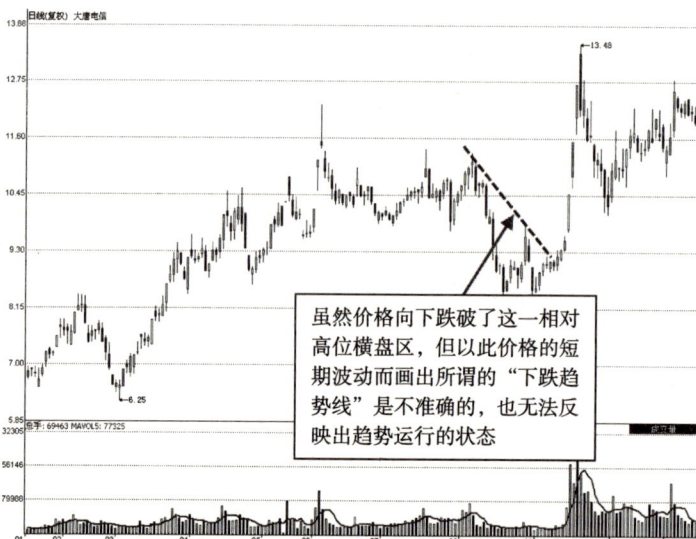

图1-6　大唐电信虚假趋势线示意图

3. 45°角上升的趋势线最为可靠

著名角度线大师江恩认为：45°角的趋势线最可靠。上涨时角度过于陡峭意味着上涨根基不牢靠，价格很可能出现短时间内大幅上涨后即见顶的形态；上涨时角度过于平缓则说明买盘力度太弱，是个股受主力资金忽略的体现，这种个股的走势往往难以跑赢大盘，不容易马上产生大行情，也就是大家常说的"肉股"。

图1-7为江山股份（600389）2008年10月21日至2009年8月26日期

间走势图，此股在经历了下降走势后，并没有在底部做较长时间的停留，而是出现了快速的上涨走势，如图标注所示，我们可以对此股随后的上涨走势画出一条清晰的上升趋势线。很明显，这条上升趋势线的角度是较为陡峭的，一般来说，这种上升趋势线所反映的个股上涨行情多是较为短暂的，其持续力度较弱，很容易在不长的时间范围内、在累计涨幅不是太大的情况下见顶，如图所示，此股随后的走势也正是如此，在短暂的上涨行情完结后，随后就是相对时间较长的盘整及下跌走势。

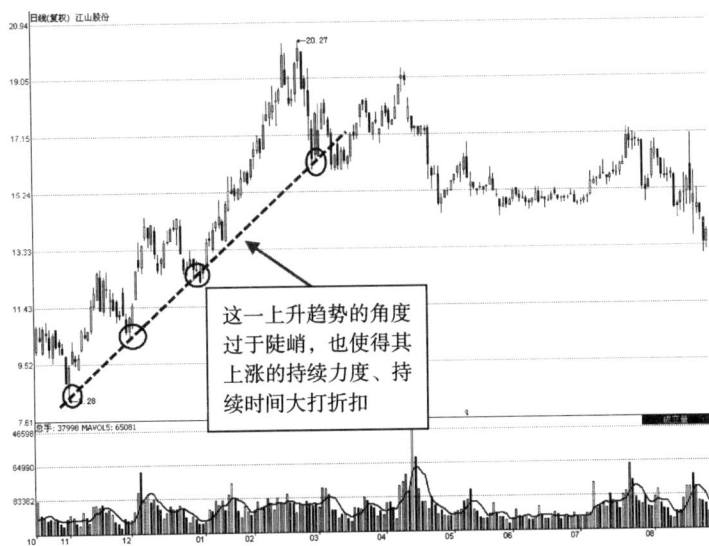

图 1-7 江山股份陡峭趋势线示意图

4. 关注趋势线角度的转化

趋势线的角度并不是一成不变的，当个股处于上升趋势中时，多会呈现出一种由缓慢上涨到急速上涨的过程，此时我们也应顺应价格运行的这一变化，及时地画出新的趋势线。此时，上升趋势线就会呈现出一种由角度相对较缓到角度较为陡峭的变化过程。

同样，当个股处于下跌趋势中时，多会呈现出一种由缓慢下跌到急速下跌的过程，此时我们也应顺应价格运行的这一变化，及时地画出新的趋势线，此时，下降趋势线就会呈现出一种由角度相对较缓到角度较为陡峭的变化过程。

图 1-8 为株冶集团（600961）2008 年 10 月 30 日至 2009 年 8 月 6 日期

间走势图，此股在上升趋势中价格呈现出一种由缓涨到急涨的过程，我们也顺应价格的变化趋势而及时地修正原有的趋势线，从图中画出的趋势线，我们可以清晰地看到它起初的角度较为平缓，随后随着价格上涨的加速，其角度也变得相对陡峭，趋势的角度出现了明显的变化。由于趋势线是反映价格走势的，因此，在画趋势线时，我们不可以主观臆断，而应跟随价格的运行趋势。

图1-8　株冶集团上升趋势线由缓到陡变化示意图

5. 关注趋势线中支撑线与阻力线的相互转化

上升趋势线也称为支撑线，它对股价的上涨形成了支撑，下降趋势线也称为阻力线，它对股价的上涨形成了阻挡；但上涨行情或下跌行情不可能一直持续下去。在上升趋势中，随着上涨趋势的放缓及市场抛压的增大，原有的上升趋势线往往会被跌破，一般来说，当股价向下跌破了支撑线以后，支撑线就有可能演变成未来反弹时的阻力线；同样，在下跌趋势中，随着下跌趋势的放缓及市场买盘力量的增强，原有的下降趋势线往往会被突破，一般来说，当股价向上突破了阻力线以后，阻力线就有可能演变成未来上涨时的支撑线。这就是行情转变导致的支撑线与阻力线之间的相互转化。我们可以反过来理解，当原有的支撑线开始演变为随后的股价上涨时的阻力线时，也意味着上升趋势有可能出现转势；当原有的阻力线开始演变为随后的股价下跌时的支撑线时，也意味着下跌趋势有可能出现转势。

在理解了趋势线之间的这种相互转化时，我们也要密切关注量能形态的变化。一般来说，当价格走势向上突破阻力线而使得原有阻力线演变为支撑线时，往往需要放大的成交量来配合，这说明市场买盘充足，价格的上涨是由充足的做多动能推动来完成的；而当价格走势向下突破支撑线而使得原有支撑线演变为阻力线时，则不需要放大的量能来配合，这也是"涨时有量，跌时无量"的一种反映形式。

图 1-9 为支撑线转化为阻力线示意图，图 1-10 为阻力线转化为支撑线示意图。从这两幅图中我们可以清晰地看到支撑线与阻力线之间的相互转化。理解支撑线与阻力线之间的这种相互转化，有助于我们及时准确地看清趋势的走向，从而及时转变自己的操盘方式并以客观的视角跟随市场。

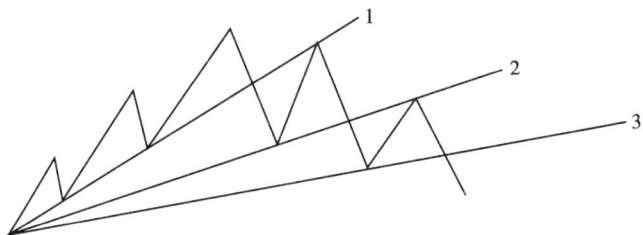

图 1-9　支撑线转化为阻力线示意图

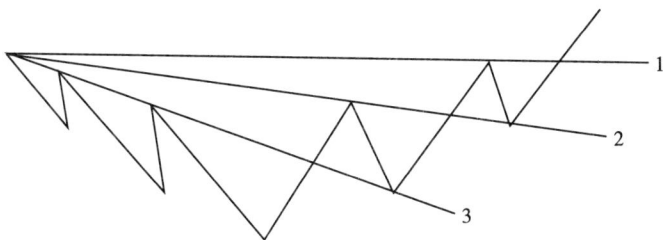

图 1-10　阻力线转化为支撑线示意图

三、通过移动平均线理解趋势的运行

"市场的平均持仓成本变化趋向可以反映趋势的运行状态"，基于这一原理，移动平均线（MA）被创造出来并受到了广大投资者的认可。移动平线是道氏理论的形象化表述，它以道氏理论中的"趋势运行特点"为理论基础并结合了统计学中"移动平均"的原理，将一定时间周期内的价格平均值连成曲线，以显示价格在运行过程中所呈现的趋势性特点，不仅可以客观准确地反映出趋势的运行状态，还可以有效地预测趋势的持续性及反转的可能性。

移动平均线（MA）是最为典型的反映市场基本运行趋势的趋势类指标，因为基本趋势的形成及延续具有一个较长的时间跨度，因而这种反映基本趋势运行情况的趋势类指标不易受到人为操作而产生骗线，普遍具有稳定的特点，受到很多投资者的青睐。

价格只是买盘交投后所产生的结果，它是一种表象，而市场平均持仓成本的变化情况才是内因。当市场平均持仓成本不断增高时，说明不断涌入的买盘在推动着价格上涨，当市场平均持仓成本难以再增高时，说明买盘已无力再推动价格上涨，是上升趋势即将反转的信号；反之，当市场平均持仓成本不断下降时，说明不断涌出的卖盘在促使股价下跌，当市场平均持仓成本难以再降低时，说明卖盘已无力再促使价格下跌，是下跌趋势即将反转的信号。移动平均线的本质是用以表述市场买卖盘的平均持仓成本变化情况的，一般来说，市场的成本状态对于市场未来走势有 50%的影响力，另外 50%由场外陆续进场交易的多空双方决定，正是基于这一原理，移动平均线被发明创造出来。但由于移动平均线仅揭示了当前趋势会如此运行的一半原因，因此，要想对趋势运行有一个更为深刻准确的把握，投资者还应结合其他因素来综合判定。其实，所有的技术分析方法都只是从某一方面来反映市场的运行情况的，都不足以反映市场运行的全貌，于是在应用技术分析时，我们应注意取长补短、互相补充，只有这样才能对市场的运行有一个更为深刻的把握。下面我们就来看看移动平均线的计算方法以及它是如何反映趋势并预警趋势反转的。

1. 移动平均线（MA）的计算方法

在计算移动平均线时，一般是以每个交易日的收盘价作为计算依据。下面以 C_n 来代表第 n 日的收盘价，以时间长度为 5 日均线 MA5 为例说明计算方法。第 n 日的 5 日均线 MA5 在当日的数值为：

$$MA5_{(n)} = (C_n + C_{n-1} + C_{n-2} + C_{n-3} + C_{n-4}) \div 5$$

将每一日这些数值连成曲线，我们便得到了移动平均线。MA5 代表了 5 日移动平均线，它以 5 日这个时间长度为周期，反映了市场 5 日平均持仓成本的变化情况。"5 日"是一相对较短的时间周期，因而 MA5 往往也称为短期移动平均线，此外，依据移动平均线所反映的时间周期的不同，还有 15 日、30 日、60 日、120 日等时间周期。在实盘操作中，我们可以重点关注 30 日移动平均线 MA30（可将其称为中期移动平均线）、60 日移动平均线 MA60（可将其称为长期移动平均线）。移动平均线 MA 的灵敏度取决于移动平均线 MA 的时间跨度，时间跨度小则灵敏度高，时间跨度大则灵敏度低，120 日均线及 240 日均线由于其时间周期太长，因而实战性较弱，我们就不做介绍了。

2. 移动平均线对于三种趋势运行状态的反映

不同时间周期的移动平均线反映不同时间周期下市场平均持仓成本的变化情况，依据市场平均持仓成本的变化情况再结合每个交易日收盘价的情况，我们就可以得出多空双方的力量孰优孰劣，并以此判断出价格的未来可能发展方向。一般来说，现行价格在平均价之上，意味着市场买力（需求）较大，行情看好；反之，行情价在平均价之下，则意味着供过于求，卖压较重，行情看淡。

当价格处于上升趋势中时，由于价格不断地升高，因此市场平均持仓成本会不断升高，并且长期市场平均持仓成本要低于中期市场平均持仓成本、中期市场平均持仓成本要低于短期市场平均持仓成本、短期市场平均持仓成本要低于近几个交易日的收盘价，体现在移动平均线的运行形态上就是：周期相对较短的移动平均线会运行于周期相对较长的移动平均线上方（这称为移动平均线的多头排列），并且短期均线与中期均线对股价的上涨往往会形成良好的支撑效果。

图 1-11 为雅戈尔（600177）2006 年 12 月 13 日至 2007 年 7 月 8 日期间走势图，此股在此期间处于上升趋势，可以看到，移动平均线呈现出多头排列特征（注：三条移动平均线由细到粗分别为 MA5、MA30、MA60），并且短期均线 MA5 与中期均线 MA30 对股价的上涨起到了良好的支撑作用。通过移动平均线的直观形象性，我们可以客观准确地看出趋势运行的状态。

当价格处于下跌趋势中时，由于价格处于不断的下跌走势中，因而市场

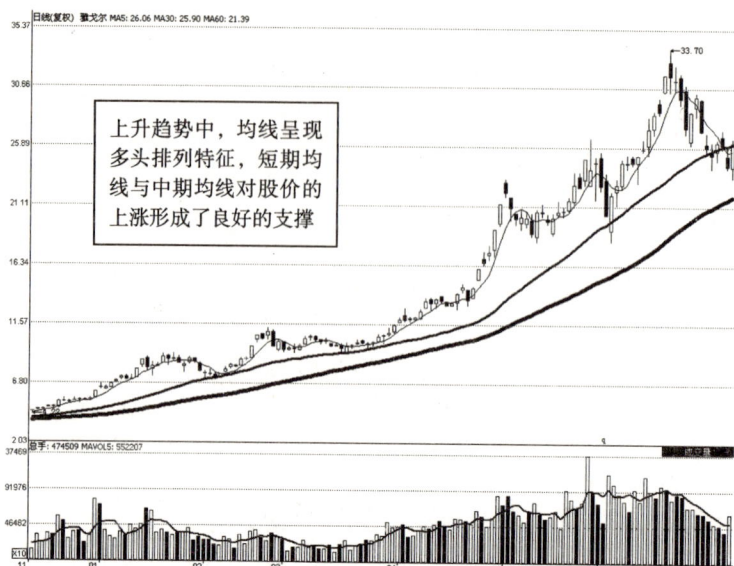

上升趋势中，均线呈现多头排列特征，短期均线与中期均线对股价的上涨形成了良好的支撑

图 1-11 雅戈尔上升趋势中均线运行示意图

平均持仓成本会降低，并且长期市场平均持仓成本要高于中期市场平均持仓成本、中期市场平均持仓成本要高于短期市场平均持仓成本、短期市场平均持仓成本要高于近几个交易日的收盘价，体现在移动平均线的运行形态上就是：周期相对较短的移动平均线会运行于周期相对较长的移动平均线下方（这称为移动平均线的空头排列），并且短期均线与中期均线对股价的反弹往往会构成极大的阻力作用。

图 1-12 为雅戈尔（600177）2007 年 10 月 19 日至 2008 年 10 月 14 日期间走势图，此股在此期间处于下跌趋势中，可以看到，移动平均线呈现出空头排列特征，并且短期均线 MA5 与中期均线 MA30 对股价的反弹构成了极强的阻力作用。通过移动平均线的直观形象性，我们可以客观准确地看出趋势运行的状态。

当价格走势处于横盘震荡时，由于价格处于横向震荡之中，因而市场平均持仓成本会与这一横盘震荡价位相差无几，且震荡的时间越长，则市场平均持仓成本越是接近这一横盘区的价位，此时，长期、中期、短期移动平均线往往相互缠绕在一起。

图 1-13 为紫金矿业（601899）2009 年 5 月 8 日至 2010 年 1 月 7 日期间走势图，此股在此期间处于横盘震荡走势中，从图中可以看到短期、中期、

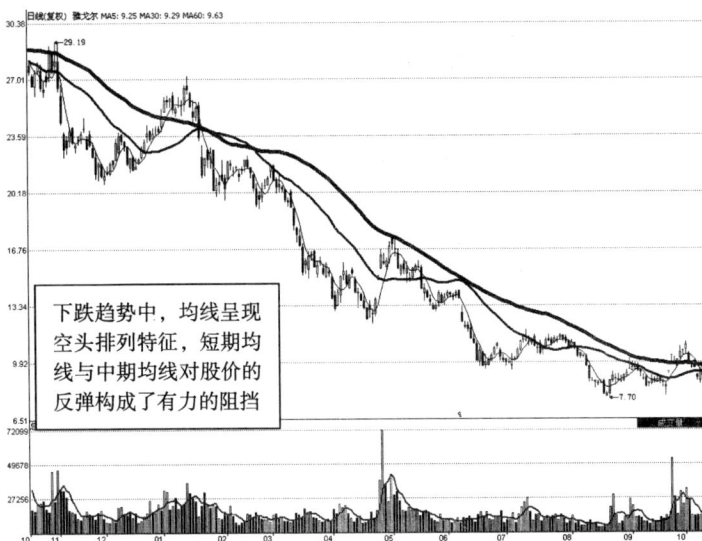

下跌趋势中，均线呈现空头排列特征，短期均线与中期均线对股价的反弹构成了有力的阻挡

图 1-12 雅戈尔下跌趋势中均线运行示意图

长期移动平均线处于横盘运行状态并且相互缠绕在一起，这说明价格走势没有明确的向上或向下运行的特征。一般来说，这种横盘震荡之后，价格往往会做出向上或向下运行的选择。

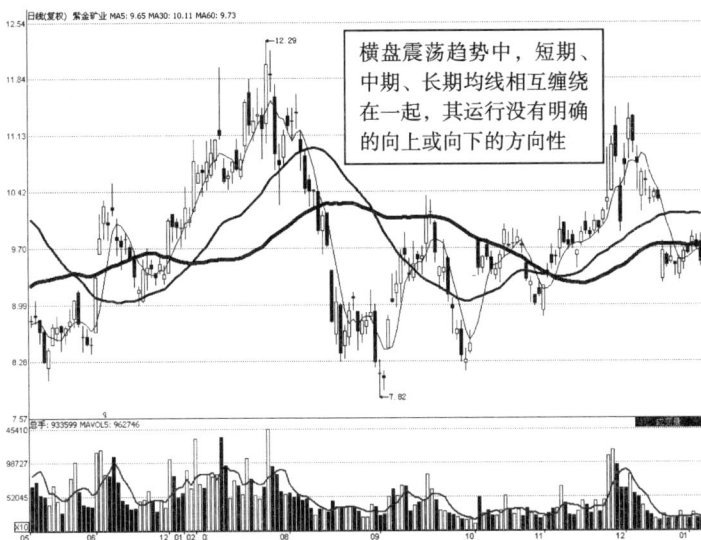

横盘震荡趋势中，短期、中期、长期均线相互缠绕在一起，其运行没有明确的向上或向下的方向性

图 1-13 紫金矿业横盘震荡中均线运行示意图

3．移动平均线对于趋势反转的反映

移动平均线不仅可以直观形象地反映出上升趋势或下跌趋势，而且还可以很好地反映出趋势的反转性。对于上升趋势来说，当价格经历了持续、大幅的上涨后，若中、长期移动平均线开始走平，且短期移动平均线有向下跌破并穿越中长期移动平均线的形态时，就是上升趋势转为下跌趋势的信号，而之前的中长期移动平均线的走平形态往往就与市场筑顶阶段相对应；对于下跌趋势来说，当价格经历了持续、深幅的下跌后，若中、长期移动平均线开始走平，且短期移动平均线有向上突破并穿越中长期移动平均线且出现较为明显的放量形态时，就是下跌趋势转为上升趋势的信号，而之前的中长期移动平均线的走平形态往往就与市场筑底阶段相对应。下面我们通过实例来形象地分析一下移动平均线对趋势反转性的反映。

图1-14为雅戈尔（600177）2007年3月19日至2007年12月28日期间走势图，此股在持续大幅上涨后，首先是中长期均线走平形态反映了顶部的出现，随后当短期均线向下跌破中长期均线时就是趋势反转的明确信号，此时我们可以看到，当短期均线向下跌破中长期均线后，高位区也出现了均线的空头排列形态，而这一形态正是下跌趋势的明确的反映。

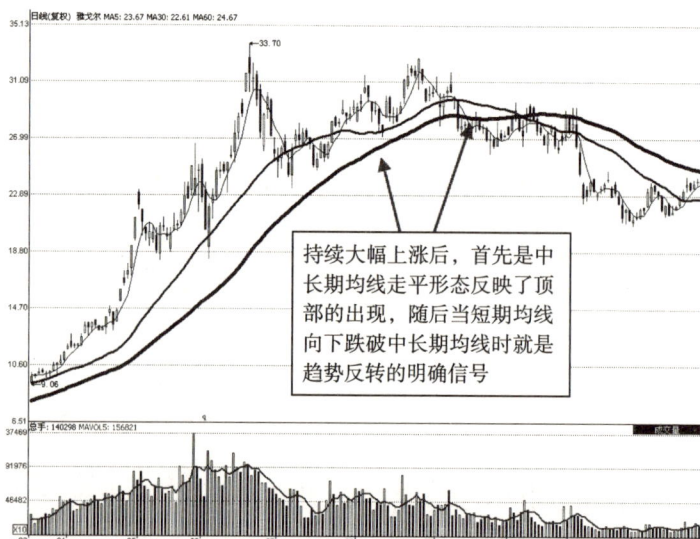

> 持续大幅上涨后，首先是中长期均线走平形态反映了顶部的出现，随后当短期均线向下跌破中长期均线时就是趋势反转的明确信号

图1-14 雅戈尔上升趋势转为下跌趋势中均线运行示意图

图 1-15 为雅戈尔（600177）2008 年 4 月 21 日至 2009 年 4 月 10 日期间走势图，此股在持续大幅下跌后，首先是中长期均线走平形态反映了底部的出现，随后当短期均线向上放量突破中长期均线，并于随后有效地站稳于中长期线之上时，就是趋势反转的明确信号。此时我们还可以看到，当短期均线向上放量突破中长期均线后，低位区也出现了均线的多头排列形态，而这一形态正是上升趋势的明确的反映。

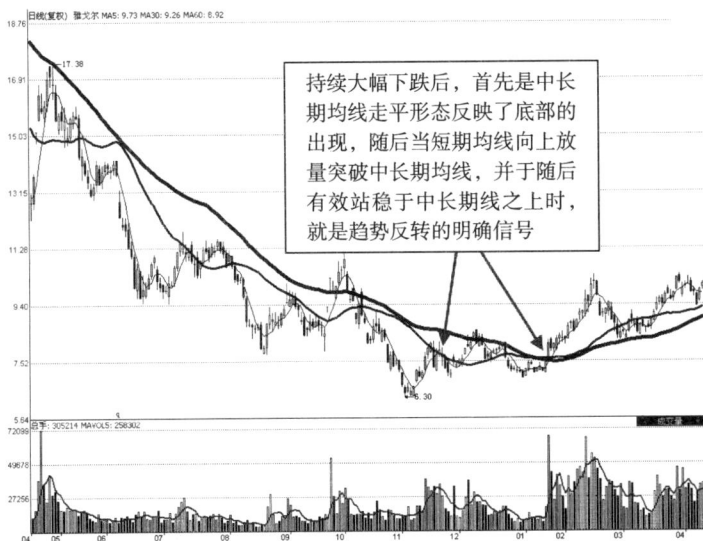

图 1-15 雅戈尔下跌趋势转为上升趋势中均线运行示意图

第三刀 宝刀屠龙——掌握量价分析原理，获取股市制胜之道

在金庸的武侠小说《倚天屠龙记》中有一种兵器叫作屠龙刀，它在江湖中的地位我们可通过书中的一句话来得知："武林至尊，宝刀屠龙，号令天下，莫敢不从；倚天不出，谁与争锋！"相传此刀是由杨过的玄铁剑打铸而成，同时铸成的还有倚天剑，并且在屠龙刀中藏有绝世的武功秘籍，可以说，屠龙刀在江湖中的地位是至尊级别的，谁拥有屠龙刀也就等于拥有了号

令天下的权力，同时也可修得绝世神功。在股市中，是否也有这种至尊级别的分析方法呢？依笔者经验来说，量价分析原理（或称为对于成交量形态的分析）就相当于股市中的屠龙刀。美国著名的投资专家格兰维尔曾经说过："成交量是股票的元气，而股价是成交量的反映罢了，成交量的变化，是股价变化的前兆。"通过量价分析原理，我们不仅可以深刻地理解股市的运行规律，还可以很好地理解个股的走势，并且通过显示出来的量价关系提前预知价格的走势。本节中，我们在格兰维尔总结出的八种量价关系的基础上来系统地了解一下量价分析原理。

关于量价关系较系统性的论述最早见于美国投资专家格兰维尔所著的《股票市场指标》一书中，格兰维尔认为：没有成交量的发生，市场价格就不可能变动，成交量是股市的元气与动力，成交量的变动，直接表现股市交易是否活跃，成交量的增加或萎缩都表现出一定的价格趋势。在此观点的指导下，格兰维尔总结出了八种经典的量价关系，它们较为系统地反映了量能形态与价格走势之间的配合关系，受到了投资者的高度认可。因此，这八种量价关系也常被称为"经典的量价理论"。下面我们就来逐一分析这八种量价关系。

（1）量价齐升形态反映了有价有市。量价齐升形态是指成交量可以随着价格的持续走高而不断地放大，这一形态说明即使有不少获利者在上升途中进行了抛售，但是强劲的买盘足以维持股价的上涨，这是健康的上涨，说明上升趋势在充足买盘的推动下仍将持续下去。

（2）大幅上涨后的量价背离形态是价格走势出现反转的信号。前面我们已经对这种量价背离形态给予了详细的分析，这一形态反映了推动价格再创新高的动力不是基于充足的买盘，而仅仅是源于市场非理性的狂热情绪，当这种非理性的狂想情绪消退之时，也就是上涨走势见顶之时。同时，这一形态也反映了前期的大幅上涨已过度地消耗了场外买盘，当前的买盘开始趋于枯竭，因此这种形态是价格走势出现反转的信号。图1–16为大幅上涨后的量价背离形态示意图。

（3）价格上涨，而成交量却在逐步减少，这是价格走势出现反转的信号。这一形态与前面第（2）条的量价背离形态所蕴涵的市场含义基本相似，它们都是反映价格上涨得不到买盘支撑的形态，显示出价格上涨原动力不

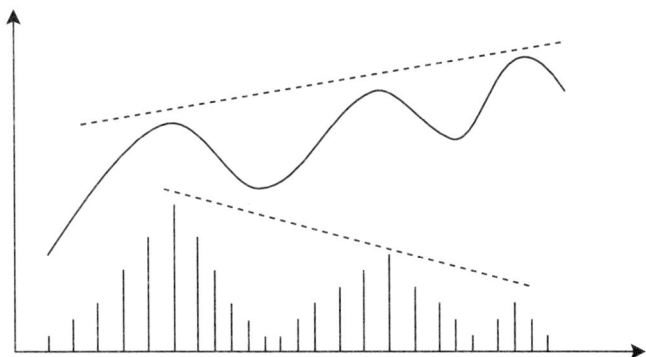

图 1-16　大幅上涨后的量价背离形态示意图

足，因此是价格走势反转的信号。

（4）上升途中或上升末期的放量飙升及随后出现的量能快速萎缩形态是价格走势反转的信号。放量飙升反映了买盘在短时间内出现了快速聚集，正是买盘短期内快速的大量涌入才导致价格出现井喷走势，但是这也从另一个侧面反映了市场的做多动能在短期内已处于一种透支状态，井喷行情之后的量能急速萎缩就恰恰反映了买盘开始出现明显不足，是场外买盘开始枯竭的信号，因而预示了价格走势的反转。

（5）上升途中或上升末期的放量滞涨形态是价格反转的信号。连续放大的成交量出现在价格的上升途中是买盘大力介入的信号，它往往会对原有的价格走势起到加速推动作用。在个股前期处于较为明显的上升走势时，若这种连续放大的成交量无法推动其上涨，则必说明市场在短期内的抛压较为沉重，因此多预示了随后出现的价格反转走势。

（6）深幅下跌后的二次探底缩量形态是价格即将上涨的信号。股价二次探底缩量包含了两种信息：一是价格走势出现止跌企稳的迹象，这种走势出现在深幅下跌之后多预示着底部的出现；二是二次探底时的缩量市场的抛盘在减少、做空的力量在减弱，是一种多空双方实力开始发生转变的信号。通过分析可知，这种二次探底缩量形态是价格即将上涨的信号。

（7）深幅下跌之后的恐慌性抛售导致的股价再次急跌是价格走势反转的信号。前期的深幅下跌就已经在一定程度上释放了市场中的做空动能，然而在深幅下跌之后，在没有重大利空的情况下，股价再次出现放量下跌的走势，这多是缘于市场中的非理性的恐慌情绪所致，同时，它也是短期内市场做空动能快速释放完毕的信号。当做空盘集中释放后，做多盘自然可以在较低的位置上轻易地拉升股价，因此，这一形态是价格走势反转向上的信号。这一形态所蕴含的市场含义刚好与我们上面讲到的第（4）条相反，一个是市场深跌之后的非理性恐慌情绪导致的放量下跌形态，另一个是市场大幅上涨之后的非理性狂热情绪导致的放量飙升，它们都是价格走势即将反转的信号。

（8）在持续上涨后的高位区，当价格放量向下跌破中长期移动平均线是下跌趋势开始形成的信号；反之，持续下跌后的低位区，当价格放量向上突破中长期移动平均线是上涨趋势开始形成的信号。这两种形态一个反映了做空动能开始大量释放，一个反映了做多动能开始发力，一个处于前期累计涨幅巨大的背景下，一个处于前期跌幅巨大的背景下，它们是多空双方实力开始发生根本转变的信号，因此也是趋势反转的信号。

以上八种量价关系较为系统地论述了我们应如何利用量能变化及价格走势去研判个股的未来价格走势情况，读者在理解这八种量价关系时，一定要注意结合价格的总体运行趋势，例如当价格处于上升趋势之中时，这些量价关系所反映出的"价格走势反转信号"，我们更应将其理解为它们是一波回调走势出现的信号，而不是整体趋势反转的信号。通过这八种系统性较强的量价关系准则，再结合前面我们讲过的放量形态与缩量形态的市场含义，我们就可以在一个更深的层次上去理解并运用"量价分析原理"，从而有效地提高我们的实盘操作能力。

第四刀　单刀直入——明确均线波动规律，发现潜在买卖机会

一、均线的粘合与发散

1. 均线粘合

不同周期的移动平均线交叉在一起，分不出均线的指向，便是均线的粘合形态。从股价波动方向分析，均线粘合基本上可以有两种情况：一种是底

部上涨之初的均线粘合，粘合是为了以后的上涨蓄势；另一种是在价格高位出现的均线粘合。

在价格底部形成的均线粘合形态，表明形态上看股价趋于稳定，均线聚集于某一个价位附近；而且，从筹码角度分析，大量筹码已经分布在价格低点，一旦向上突破更容易出现单边行情。

关注成交量的变化，投资者就能轻松发现均线粘合阶段的有效突破。如果量能有效放大的话，价格轻易突破粘合均线，短线飙升的黑马也就会出现了。粘合的均线以及放量回升的股价，是判断短线黑马的重要信号，投资者必须综合这两点来看均线的粘合，才能更好地获利。

如图 1-17 所示，益佰制药的日 K 线图显示，该股在 2012 年 5 月到 2013 年 7 月的价格走势中，均线从粘合形态转为发散形态，价格明显向上突破，投资者可以买涨了。不过考虑到均线已经向上发散，但股价上涨空间较大，等价格回调后介入，仍然有不错的盈利空间。股价回升趋势还在延续，回调后的买点较低，将更容易增加投资回报。

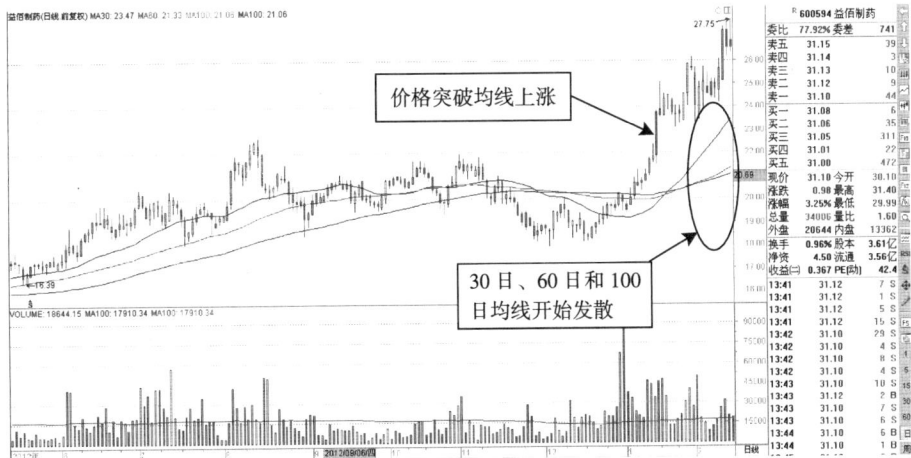

图 1-17 益佰制药——均线粘合之后二次发散

2. 均线发散

在股价明显处于回升趋势的时候，均线发散是对回升趋势的强化，也是投资者在均线粘合以后最重要的买涨信号。均线发散涉及两根以上计算周期不同的均线，是投资者做多的重要起始点。

从买涨信号的确定性看来，均线向上发散以后，投资者能够看到更为明确的做多机会。价格已经向上突破，并且短期均线处于长期均线以上，说明价格处于回升态势。买涨这样的股票，更容易获得利润。短线黑马可能会在均线发散以后加速回升，这是投资者不容错过的盈利机会。

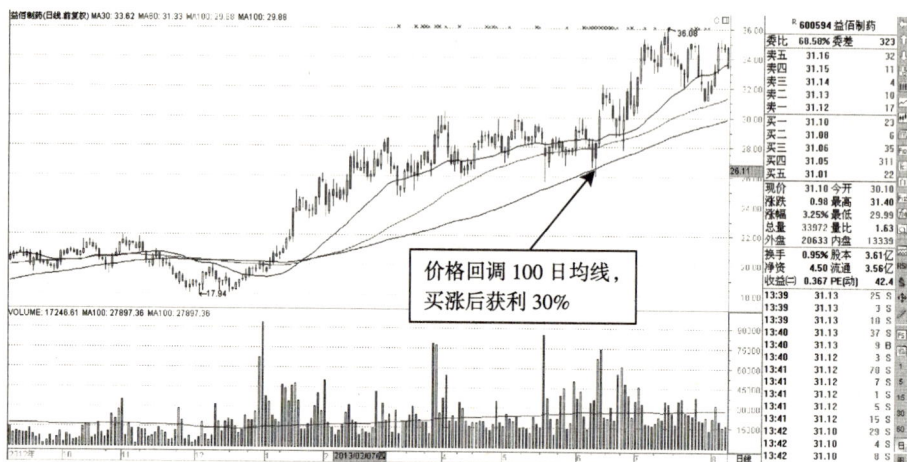

图1-18 益佰制药——均线粘合之后二次发散

如图1-18所示，益佰制药的日K线中，该股回调至100日均线后再次走强。短线波段行情涨幅高达30%，为投资者提供了不错的盈利机会。考虑到前期股价已经明显回升，均线发散以后能够支撑价格再次走强。利用股价回调100日均线的机会买涨，还是不错的盈利时机。

二、均线的支撑

均线支撑对价格走势的影响很大，特别重要的均线总是能支撑价格强势反弹。短线黑马股就是从强支撑的均线附近开始飙升行情的。实战当中，对均线支撑效果的判断，成为投资者把握买点的重要看点。

不同周期的均线对价格支撑效果不同，短线均线的支撑效果要差得多，而长期均线对价格上涨的支撑效果明显，可以作为投资者做多的起始信号。

实盘操作中，投资者可以利用中长期均线对价格的支撑，来判断短线黑马股。真正的牛股，短期均线就能够形成有效支撑，因此，短期均线也可以作为投资者做多的信号。

判断均线对价格支撑的强弱，可以从股价反弹空间以及反弹次数看。价格反弹空间越大，表明均线对股价的支撑越强，而反弹次数越高，投资者做多后更容易获得利润。

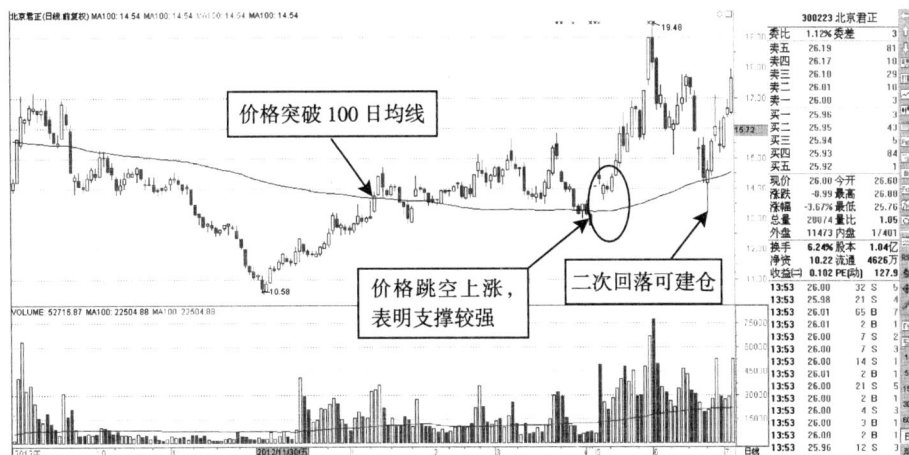

图 1-19　北京君正——价格回调的买点

如图 1-19 所示，北京君正的日 K 线图中，股价早已经顺利突破 100 日均线，但价格短线回调该均线的时候，强势涨停反弹形成。一字涨停板的突破走势表明，100 日均线的支撑效果理想。如果这一次的行情没有抓住，投资者可以在价格二次回调至 100 日均线后买涨。图中显示，该股回调空间虽然很大，却在 100 日均线开始第二次反弹行情。经过验证的 100 日均线，对价格回升影响很大，是不错的盈利机会。

三、均线的脉冲与修复

股价突然放量大涨的时候，均线表现为明显的脉冲形态。不仅股价短线回升空间很高，均线也会跟随价格的反弹出现脉冲回升走势。投资者把握好均线回升的走势，便能够获得利润了。

实战当中，股价上涨的频率不同，均线脉冲回升的次数也是不同的。价格可能会在短时间内频繁脉冲上涨，投资者可以据此判断盈利机会。根据脉冲回升的均线判断短线黑马股，是比较有效的一种方式。黑马股的爆发力强，一旦快速上攻就会快速提升均线。根据均线变化趋势，投资者能够发现股价调整时候的买入机会。

根据成交量大小、价格涨跌幅度、脉冲前后均线变化幅度，投资者能够更加准确地发现黑马股的买入机会。如果股价放量程度很高，并且价格有效突破阻力位置，拉升均线向上快速回升。一旦股价短时间内回调均线，便是理想的买涨机会。股价快速向上突破以后，均线脉冲速度很快。既然突破已经形成，那么股价就具备了二次回升的基础。

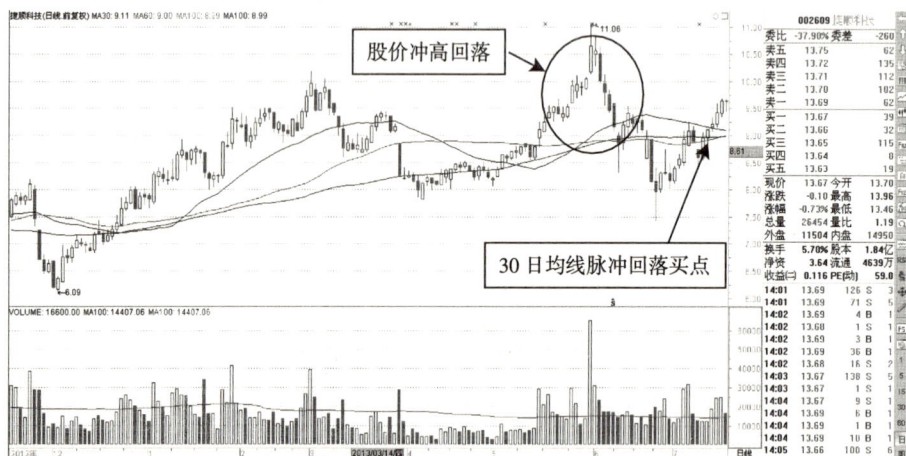

图 1-20　捷顺科技——均线脉冲回落买点

如图 1-20 所示，捷顺科技的日 K 线图显示，股价上涨趋势明显，价格持续拉升以后，30 日均线脉冲向上后开始回落下来。这个时候，股价再次获得支撑并且企稳在均线附近，是个不错的买点。

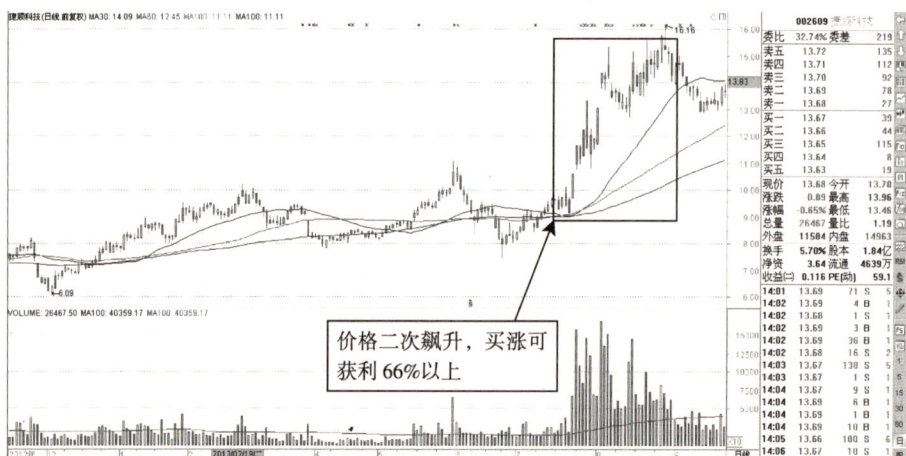

图 1-21　捷顺科技——均线发散，买涨获利

如图 1-21 所示，捷顺科技短线走强，上涨空间高达 66%。价格飙升以前，30 日均线脉冲上行后回落的时候，已经出现了不错的买点。均线脉冲向上，表明股价开始活跃，投资者利用价格回调后企稳的机会建仓，可获得不错的利润。

价格上涨是阶段进行的，而均线的走势也是如此。特别是短期均线的走势，很可能在冲高回落中不断循环。短期均线冲高回落后还会再次走强。如果短期均线真的向上持续发散，那么就不是短线的脉冲了，是价格走强的重要买点。捷顺科技大涨之前，30 日均线就是先脉冲冲高回落，然后再次走强。股价也会跟随均线完成类似的走势。

四、均线的拐点与价格的穿越

股价从回落转为探底回升走势，这个时候均线的变化表现为拐点形态。特别是短期均线的走势，更容易形成反转形态，是投资者做多的重要看点。如果股价上涨潜力很足，投资者可以在价格反弹而均线回升的过程中判断做多机会，以便获得盈利空间。事实上，均线明显探底回升以后，投资者可以发现价格逆转时更为丰富的做多机会。价格反弹回升的速度很快，买点把握得好，投资者就能够获得收益。

个股走强的时候，价格反弹速度有快有慢，一旦强度超过预期，投资者自然可以在价格回升的时候获得利润。价格反弹上涨的过程中，价格突破均

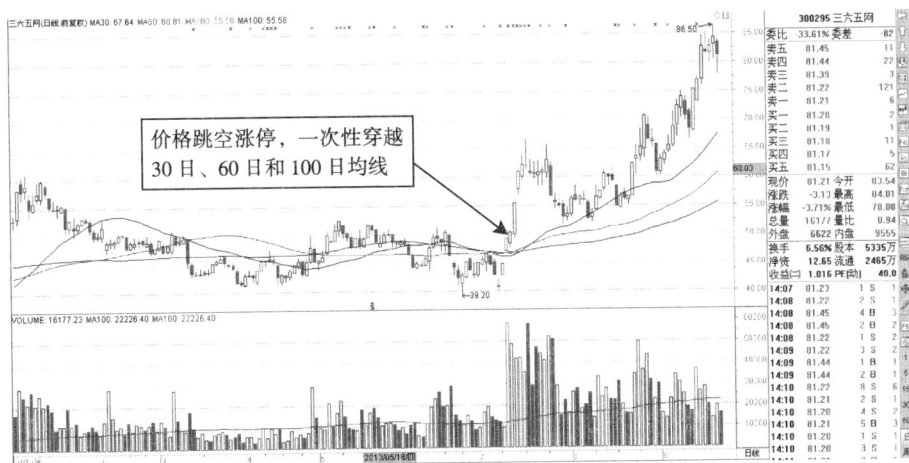

图 1-22　三六五网——价格突破均线，拐点形成

线的力度，以及均线在此之后表现出的拐点，都是投资者判断做多机会的信号。

价格穿越均线在先，均线从底部回升在后，投资者便能够获得不错的做多信号了。

如图1-22所示，三六五网的日K线图中，随着两次有效的涨停板出现，股价明显突破了30日、60日与100日均线，开始了价格反转走势。可见，把握这个位置的买点，有助于投资者获得利润。该股上涨潜力将在价格穿越均线后出现拐点，买涨在这个时候总可以获得利润。

五、均线的葛兰威尔法则

葛兰威尔的八大法则的内容如下：

（1）熊市的末期，股价下跌的趋势逐渐变缓，移动平均线也从下降的趋势中开始走向平稳并且开始向上运动。这时候股价从平均线的下方向上突破移动平均线为买入信号。如图1-23中的标号1为所说的买入价位。

（2）股价从下向上突破了移动平均线之后，回调的时候并没有跌破移动平均线，并且再一次地延续上升的趋势，这是第二次的买入机会。如图1-23中的标号2为所说的买入价位。

（3）股价从均线获得支撑并且开始反弹后，短时间内上涨的幅度巨大，与均线之间的距离也越来越大。随着获利盘不断地兑现利润，股价在短时间内必将出现一次下跌，投资者应该暂时出货观望为好，这样就出现了股价进入上升趋势以来的第一次卖出信号。如图1-23中的字母A所在的位置。

（4）在获利盘的打压下，股价最终开始下跌，并且在下跌到均线附近的时候进一步跌破了移动平均线。股价的下跌与短期移动平均线的向上形成了鲜明的对比，这时候是第三次的买入机会。如图1-23所示标号3所说的买入价位。

（5）股价在买入后虽然也在上涨，但是上涨的趋势越来越缓慢，直到均线开始由上升转为水平，并且股价从均线之上向下跌破。投资者应该在这时候抛售所有的股票，以免高位套牢。这是第二次出现的卖点。如图1-23中字母B所在的位置。

（6）股价跌破移动平均线之后，下跌的幅度越来越大，与均线的距离也越来越远。投资者恐慌性抛售股票之后，股价反弹也随时都有可能会发生，这个时候是个很好的买入股票机会，也是股票从上涨到下跌之后的最后一次买入机会。如图 1-23 中标号 4 所示的价位。

（7）股价虽然出现了超跌反弹的回抽走势，但是上涨的幅度并不是很大，股价也并没有真正地突破均线的压制。在移动平均线下跌的趋势趋缓并且股价再次远离移动平均线开始下跌的时候，是投资者卖出股票的时机。如图 1-23 中字母 C 所在的价位。

（8）股价虽然在下跌中反弹回到了移动平均线的上放，但是移动平均线却继续向下跌去，说明跌势还远远未曾结束，投资者应该卖出手中所有的股票。如图 1-23 中字母 D 所在的价位。

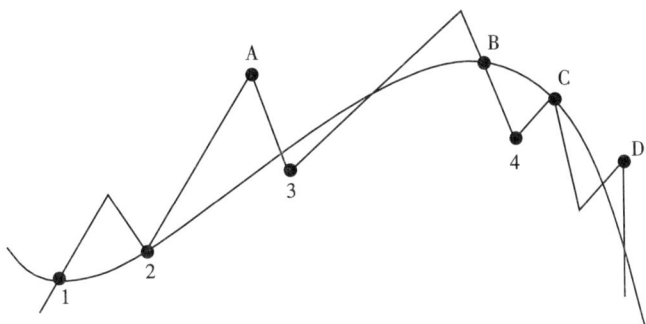

图 1-23　葛兰威尔——八大买卖点位

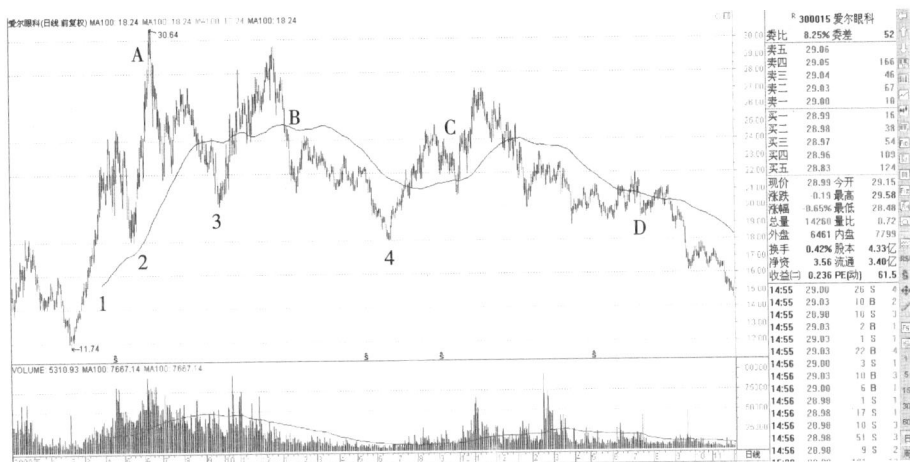

图 1-24　爱尔眼科——葛兰威尔价格走势

如图 1-24 所示，爱尔眼科的日 K 线图中，价格冲高回落的走势表现在均线上，投资者可以用葛兰威尔法则发现其间的买点。其中，股价有效突破100 日均线以后，"2"位置是投资者获利空间最大的做多位置。

六、均线的金叉形态

股价回升的过程中，短期移动平均线向上穿越长期移动平均线形成金叉形态，这时候是建仓的大好时机。黑马股就是在均线出现金叉后开始加速飙升的，投资者不能错过金叉代表的做多机会。明显的短期均线向上穿越中长期均线的看涨形态，是价格走强的信号。看涨金叉信号要慢于价格首次上涨时机。这样一来，均线金叉信号提供给投资者第二次建仓的机会。股票价格可以从金叉看涨信号开始继续加速回升，把握好买点就可以获利了。

根据均线的金叉看涨信号买入短线黑马股，投资者可以等待金叉出现以后做多。价格回调均线的时候，更容易形成最佳买点。如果在均线出现的那一刻做多，价格可能已经处于高位运行了。面对短线回调概率比较高的形态，倒不如等待价格回调至均线以后再考虑做多操作。

实战当中，均线对价格支撑效果是很好的。特别是在股价明显回调至均线的时候，第一时间里出现反弹走势，是投资者做多的重要时机。股价上涨潜力很大，而价格回调至均线附近，就是出现明确的反弹信号。看涨趋势中，首次出现看涨均线的时候，是投资者做多的机会。价格上涨趋势不会在一次均线金叉就完成。冲高回落的股价回落至均线附近，是重要的买点。

如图 1-25 所示，亚盛集团的日 K 线图显示，股价冲高回落的时候，30日均线分别向上穿越了 100 日和 60 日均线，看涨金叉就这样形成了。如果投资者在金叉出现后马上追涨，价格回落后必然遭受损失。即便在股价回调至 100 日均线的时候，买涨依然不乐观。这样的话，等待股价二次企稳后做多可获利。

如图 1-26 所示，虽然金叉出现后该股明显缩量回调，但是调整以后价格稳步回升，看涨金叉再次出现后，买涨可获利。该股后市回升趋势明显，价格震荡走强的时候，看涨的金叉再度出现。股价稳定回升而量能放大的过程中，只要价格依旧运行在均线上方，买涨就没有问题。

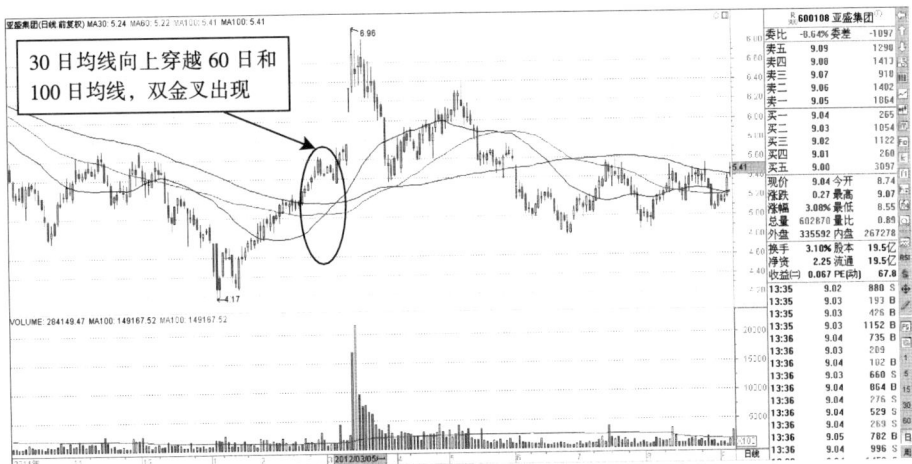

30 日均线向上穿越 60 日和 100 日均线，双金叉出现

图 1-25　亚盛集团——葛兰威尔价格走势

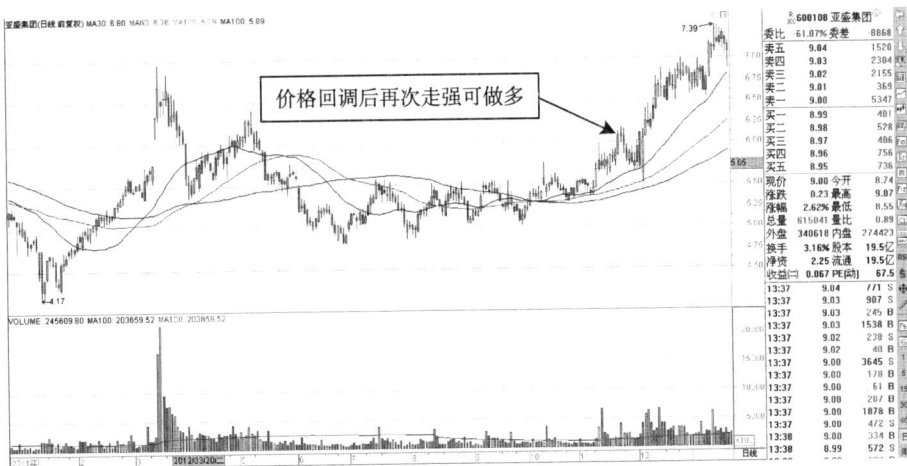

价格回调后再次走强可做多

图 1-26　亚盛集团——价格回调均线买点

利器 2 利剑——筹码分布与主力行为解析

剑，乃江湖君子之首选。小说中，刀客代表着豪放，剑客代表着潇洒。一柄长剑，朴素而幽雅，不需任何修饰，刚中带柔、魅力无穷。剑被太史公在刺客列传里重点介绍过，所以后世多为剑客着笔墨，而剑客往往也是那些武功高超、风雅脱俗人士的代名词。在武侠世界中，因练刀而使武功登峰造极的人较少，但是通过练剑而成为绝顶高手的却大有人在。江湖上说道"剑为百兵君，刀乃百兵王"，剑与刀的区别，高下立见。同样，在股票的世界里，初入股市的投资者可以通过掌握趋势运行规律及量价分析原理而步入股市大门，但是如果想真正深入到股市运动的背后、真正想准确摸清股市跳动的脉搏，仅凭理解市场的趋势运行规律及量价分析原理是不够充分的，为此我们还应更进一步，而本章中将要讲解的筹码分布与主力行为解析则无疑是投资者继续进阶的学习内容。通过筹码分布，我们可以更好地理解趋势运行，也可以更好地看清主力的行动方向。通过对主力行为的解析，我们可以更好地理解股价异动的原因，也可以更好地理解股价那看似不同寻常的运行轨迹，并在准确揣摩主力意图的基础上去预测股价走向。

第一剑　出鞘神剑——鸟瞰主力控盘过程，布局股价飙升之前

　　宝剑出鞘是要见血的，但剑本身并不会伤人，它所表达的含义是：只有身怀绝技的人才有使用宝剑的能力，而且剑即使是宝剑往往也只会伤及那些学艺不精的人；同样，在股市中也有一把"利剑"，它就是主力，可以说，主力就相当于一把出鞘的"利剑"，一旦主力开始行动，往往就意味着将有一批散户在主力的"利剑"之下出现亏损，而主力的成果正是来源于散户的亏损，那么散户是否可以接住主力的剑招并反败为胜呢？当然可以，只要我们明晰主力的剑式、剑招，熟悉了主力舞剑的套路，我们就可以从容应对并逆转自身的不利处境。

　　在股市中，主力与散户是两个截然不同的团体，而且主力与散户之间的关系往往也是对立的，主力在二级市场中所赚得的差价利润往往来源于散户投资者的亏损，而散户在股市中要想获取最大的利润就要跟随主力步伐、分享主力拉升成果。两者互有优势与劣势，主力资金庞大且持股数量巨大、消息灵通，可以在中长期内很好地掌握个股的走势，但在进出个股的速度上却相对缓慢；散户资金少且持股数量极少、消息闭塞，往往凭借市场传闻或是盲目猜测来介入个股，但却可以轻装上阵、快进快出，只要判断准确，获利空间是巨大的。

　　兵法云："知己知彼，百战不殆。"对于股市中形成鲜明对比的主力与散户两大阵营来说，主力无疑是了解自己的对手——"散户"的，前面我们讲过，主力深谙散户的操盘习惯、思维方式，但是散户投资者对主力又了解多少呢？一般来说，在主力控盘个股的过程中，其最重要的信息有两种：一是主力对个股控盘的宏观过程，这一过程包括建仓、震仓、拉升、洗盘、拔高、出货等阶段，了解这一过程有助于我们以一种战略性的眼光去审视主力的行为，对个股的总体走势做到心中有数；二是主力对于个股的微观操盘手法，这些操盘手法是为相应控盘阶段可以顺利达到目的而采用的，例如，为

了达到快速建仓的目的，主力经常会利用大盘的跌势顺势打压，通过挂出大压单、进行虚拟的买卖申报等形式制造恐慌的效果，以此达到让更多散户在恐惧中交出自己手中的筹码的目的，了解这些操盘手法，可以让我们不为股价异常波动所迷惑，从而制定出周全的策略并实施成功的买卖行为。本节中，我们首先来了解一下主力对于个股的宏观控盘过程，下一节中，我们将继续了解主力的操盘手法。

一、主力建仓——低位买入大量筹码，为后期控盘打下基础

国内的股市目前仍旧缺乏做空机制，要想从股市中获利，只能遵循低位买进、高位卖出这个过程。建仓作为主力控盘的第一步，往往也是最重要的一步，买得好可以掌握主动并保证获利出局。建仓阶段，是主力以买入的方式将自己的资金转换成股票筹码囤积起来的过程，由于建仓阶段的股价多处于历史相对的低位区，因此这时的操作也可称为"低吸"，低吸是为了等到股价升上去的时候可以转手卖出从中赚取二级市场的差价利润。在什么样的大市行情下、选择什么样的目标个股进行建仓、建仓的价位区间等因素往往取决于主力的控盘风格。一般来说，中长线主力多喜欢运作那些有业绩保障的个股，而短线主力则更喜欢结合市场热点对相关题材股进行短线炒作。

在建仓阶段，我们可以从目标个股的类型、主力的建仓时机及主力建仓的手法这三点要素出发去系统地进行了解。

（1）关于主力建仓目标个股的类型。了解目标个股的类型可以帮助我们缩小选股范围，短线投资者可以重点研究短线主力的建仓行为，此时可以将目标个股重点锁定在那些有热点题材、有想象空间的中小盘个股身上，因为这类个股更容易吸引短线主力的介入并对其进行短期的大幅炒作；中长线投资者则可以重点研究中长线主力的建仓行为，此时可以将目标个股重点锁定在那些有业绩支撑、行业发展前景喜人或是价值相对低估的蓝筹股或绩优股身上，因为这类个股更容易吸引中长线主力的介入并对其进行长期运作。

（2）关于主力的建仓时机。了解主力的建仓时机也就是了解我们的布局时机，股市有谚语："选股不如选时"，好的时机可以让主力最低限度地降低风险并成功吸筹，避免市场短期震荡或中期下跌带来的被套局面。对于股市的总体规模来说，任何一只个股背后的主力毕竟只是这股市"大海"中的微

不足道的一片涟漪，是无法与潮起潮落的大趋势相抗衡的，因此主力在控盘的各个阶段对于时机是极为讲究的，把握好了时机，就可以做到"顺势而为"，其控盘过程也可以达到事半功倍的效果。

对于主力而言，他们的目标是尽可能地在一个牛市中买入，只要他们确定基本趋势是上升的并且已经启动，他们便会买入，然后一直持有直到上升趋势已经终止、一个熊市已经开始的时候。一般来说，好的建仓时机是以好的经济背景为前提、以市场走势止跌企稳为前提的，在这一前提下，以下这几种时机是值得我们注意的："个股经深幅下跌后出现止跌企稳走势"（多意味着底部的出现）、"股价处于历史相对低估区或是目前的估值较有吸引力"（多意味着此时买入可以得到价值投资理念的有效配合）、"市场上出现热点题材、重大事件等被广大投资者高度关注的消息时"（多意味着短期市场热点的出现）、"利好消息公布时"（多意味着上市公司基本面发生根本转变）、"利空消息出现时"（多意味着这种利空只是暂时性的）、"深幅下跌后的再一次恐慌性暴跌之后"（多意味着做空动能已近枯竭）。

（3）关于主力的建仓手法。了解主力的建仓手法有助于我们及时地发现主力建仓行为，并看清主力的真实意图，也避免在低位区出现操作失误，比如有的主力喜欢通过"打压"的方式来制造市场恐慌气氛，进而令情绪不稳的投资者抛出廉价筹码，若不了解这种建仓时的打压手法，则我们很可能会误认为价格会再一次步入跌势，从而抛出了手中的低价筹码。此外，不同的主力往往也会采用截然不同的方式进行建仓，对于中长线主力来说，其控盘时间较长，目的是尽可能地在相对低位区买入，此时多会采用缓升式推高股价的建仓手法，或是让个股长期处于低位区横盘震荡走势之中；而对于短线主力来说，其控盘时间较短，为了能在短时间内尽可能地完成建仓并激活股性，多会采用快速推高股价的建仓手法（也可称为急风暴雨式的建仓手法）。不同的建仓手法导致了价格呈现不同方式的运动形态，缓升式的建仓手法使得价格呈现出慢牛上涨的形态，而急风暴雨式的建仓手法往往是以连续涨停板的方式出现在投资者面前的。

图2-1为海王生物（000078）2007年12月24日至2009年2月24日期间走势图，此股在深幅下跌后，于低位区出现成交量持续放大且股价走势止跌企稳的形态，这是主力介入并开始建仓的表现形式，从此股的走势中可以

看出，主力采用了缓升式的建仓手法，即通过相对缓慢的推升方式来完成对于此股的建仓。

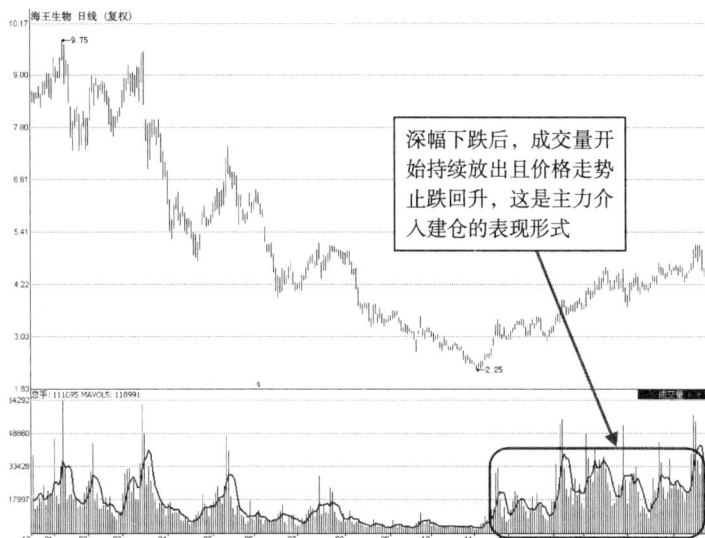

深幅下跌后，成交量开始持续放出且价格走势止跌回升，这是主力介入建仓的表现形式

图2-1　海王生物深幅下跌后主力建仓示意图

二、主力震仓——震掉底部获利浮筹，为股价启动铺平道路

在主力建仓阶段，由于主力加入了买方阵营，因而使得此股的供需关系出现失衡状态，即使主力有意控制此股的股价上涨速度，股价也会在买盘力量明显强于卖盘力量的情况下出现重心上移的走势。因此，在主力建仓后，市场上往往存在着不少的获利浮筹，这些获利浮筹对于主力的后期拉升是较为不利的，在拉升前，主力有必要"震"一下股价，让这些获利的散户投资者在担心利润可能消失的心态下抛出手中筹码，这就是所谓的主力震仓行为。震仓的目的也是为了防止有跟风盘或原来的持股者搭乘顺风车，其方法多是在短期内进行快速的打压。我们也可以将震仓理解为主力拉升前的洗盘行为。

此外，通过震仓，主力还可以了解到此股内是否还有隐藏的"大资金"存在，若个股中隐藏着主力不熟悉的大资金，会对主力随后的整个控盘造成极大的破坏。相对而言，散户由于资金分散，不会对主力控盘形成实质性的破坏，因而主力在控盘过程中允许一定量的散户参与，但却不允许其他规模较大的资金坐享其成，分享主力拉升果实。

图 2-2 为中国软件（600536）2008 年 11 月 4 日至 2009 年 3 月 10 日期间走势图，此股在上升途中于 2009 年 2 月 24 日至 2 月 27 日这 4 个交易日中出现了股价快速下跌的走势，但量能却明显萎缩，这说明市场中的筹码并没有在短期的快速下跌过程中而出现大量抛售，处于一种被"锁定"的状态，一般来说，只有在主力持仓力度较大且控盘能力较强时，个股才会出现这种形态，那么，在此之前，主力是否有建仓的迹象呢？

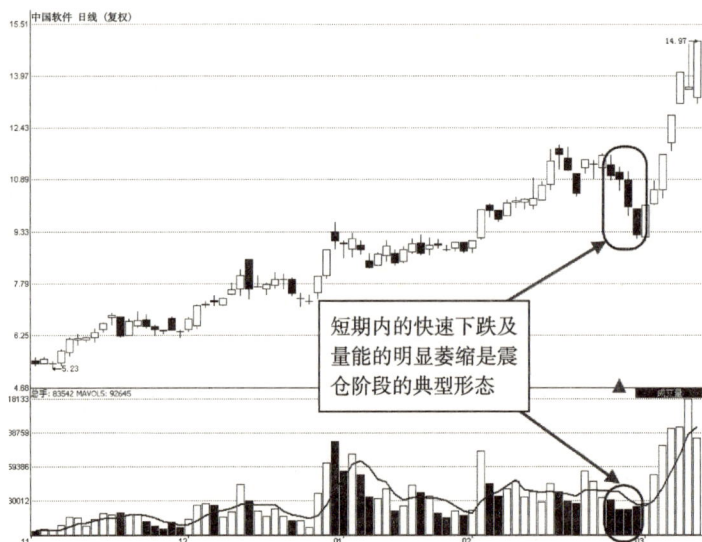

图 2-2 中国软件拉升前震仓示意图

通过图中走势我们可以看出，在 2009 年 2 月 24 日之前，此股从深幅下跌后的低位区开始启动，一直保持着较为稳健的放量上涨形态，由于在稳健持续的放量上涨走势之前，此股并没有出现横盘震荡的筑底走势，因而我们有理由认为这期间的放量上涨走势是主力介入个股开始建仓的表现形式，在此基础上，对于上升途中于 2009 年 2 月 24 日至 2 月 27 日这 4 个交易日中出现的股价快速下跌的走势我们就可以更好地理解了，这种形态是主力建仓后、拉升前的一种震仓行为，其采用的手法就是在短期内快速打压股价，让投资者出现恐慌心态或出现判断错误，其目的就是让那些底部区介入的获利散户投资者在担心利润可能消失的心态下抛售出手中筹码，也是为了防止有跟风盘或原有的持股者搭乘顺风车。

三、主力拉升——快速实现账面增值，充分激发市场人气

低位区是主力建仓个股的区间，在主力建仓完毕后，若股价仍然在低位区长时间地盘整，对主力而言是极为不利的。主力控盘过程是一个低吸高抛的过程，在低吸任务完成之后，主力要将股价做上去才行，即所谓的拉升，这是主力大幅拉高股价的过程。一般来说，主力会结合大势并依据自身的实力，在拉升时，原则上是能拉到多高就拉到多高，然后在一个较高的价位套现出局。拉升过程的长短往往取决于主力的控盘方式，长线主力在拉升初期，为了避免引起市场关注，往往采用较为缓和的方式进行拉升，而短线主力为了聚集人气，很可能会采用较为激进的快速拉升方式。

在主力拉升个股时，其拉升时机与拉升方式这两点是我们值得注意的，关于时机的重要性，我们已经在建仓阶段做过说明，好的时机就如同可以让火熊熊燃烧的东风，对主力的控盘起到极大的辅助作用，而拉升手法则源于主力控盘风格的不同，下面我们就分别来看看这两方面因素。

（1）对于拉升时机而言：如果主力选择的拉升时机不当，如逆市拉升，轻则减少了利润，增加拉升的成本，重则深陷个股之中，甚至会前功尽弃、亏损出局；反之，如果主力选择的拉升时机较好，就可以不用花费太大资金轻松地将股价拉抬上去，收到事半功倍的效果。一般来说，主力在拉升时多会借助外部的利好因素，如上市公司基本面出现改善、大盘企稳上升、外围股市强劲上涨、个股有朦胧的利好消息等，以此减轻拉升过程中的抛压，并吸引跟风盘入场帮助主力抬轿。那么，什么才是好的拉升时机呢？据笔者经验来说，主力往往喜欢在以下几种时机中去完成对个股的拉升：大盘走势企稳或处于上升通道时（此时市场交投气氛较为活跃，有助于拉升）、上市公司重大利好消息发布前（此时的提前拉升源于主力的灵通消息渠道）、板块中出现龙头股或领涨股时（由于板块概念深入人心，此时拉升更容易获得市场的认可）、技术指标或技术形态完善时（此种拉升时机是针对股市技术分析派人士较多这一事实）。

（2）对于拉升手法而言：主力拉升个股的方式（也称为主力的拉升手法，它们的意思相同）往往与主力的控盘风格有关，比如短线主力多喜欢以

通过短期内急速拉升股价，而中长线主力多会让个股处于长期的上升通道之中。此外，主力拉升个股的方式还受到持仓力度、大盘走势、市场传闻、拉升资金多少等因素的制约。一般来说，我们可以把主力的拉升方式分为火箭式拉升、波浪式拉升、台阶式拉升等几种。下面我们就来简要地描述一下这几种拉升方式。火箭式拉升：此类拉升方式犹如火箭发射，升势一旦启动，行情锐不可当，多出现短线主力炒作题材股背景之下；波浪式拉升：股价走势犹如波浪一般，一浪推着一浪向上运行，呈现出一种自然运行的流畅形态；台阶式拉升：股价的上涨是一个台阶一个台阶式地上涨，即每次股价的上涨都来自于几天内的连续大阳线将股价打高一个台阶，而每上一个新的台阶后就会采取平台或强势整理的方法，多出现在中长线主力长期控盘的个股之中。

在个股处于主力拉升阶段时，无论如何，股价的上涨是毋庸置疑的事实，此时的股价上涨走势会让主力露出庐山真面目，这时要研究的问题不是个股是否有主力入驻这类信息，而是要研究要不要快速切入或继续持股这样的问题，这一问题应该进行具体的分析，不宜盲目统一。例如对于短线主力炒作的题材个股来说，若是刚刚出现放量突破上涨的形态，则可以快速介入，若是短期内升幅已经很大，则不宜盲目追高；而对于中长线主力运作的个股来说，若是处于上涨初期，则可以大胆介入并一路持有；反之，若此时累计涨幅已经巨大，则可顺势少量仓位追高，不宜重仓介入，以免高位被套。

图2-3为民生银行（600016）2008年12月5日至2009年8月3日期间走势图，此股在此期间处于上升走势中，这一阶段也是我们所说的主力拉升阶段，从此股的走势可以看出，其上涨走势呈现出波浪式形态，在主力的积极运作下，股价在一浪一浪中持续走高，这种波浪式的上涨走势往往说明了主力的控盘能力并不是很强，因为此股的每一波的上涨与回调往往都是与大盘共振的结果，所不同的是，它的每一波上涨幅度要相应地大于同期大盘，而回调幅度则相应地小于同期大盘，但无论如何，这种借大盘之势实现上涨的个股毕竟不是主力控盘能力极强的体现。

图2-4为熊猫烟花（600599）2009年4月29日至8月26日的期间走势图，此股在长期低位横盘之后，股价放量突破横盘区出现连续涨停板的快速上涨形态，这种走势多是短线主力炒作题材的结果。

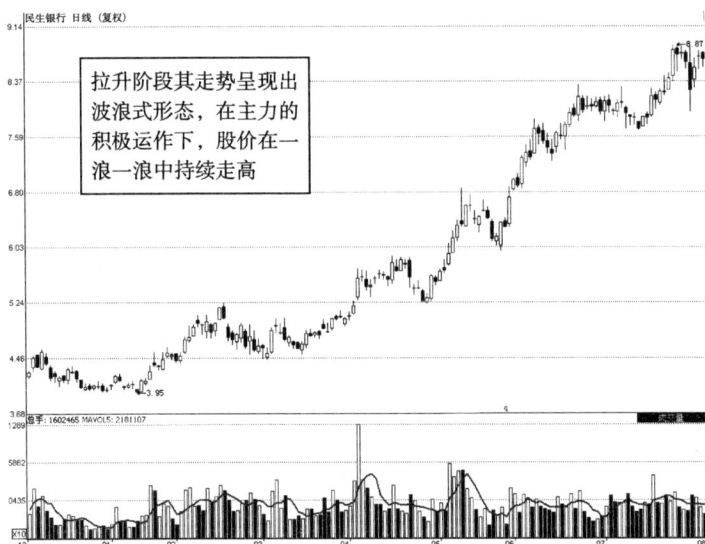

拉升阶段其走势呈现出波浪式形态，在主力的积极运作下，股价在一浪一浪中持续走高

图 2-3 民生银行波浪式上涨示意图

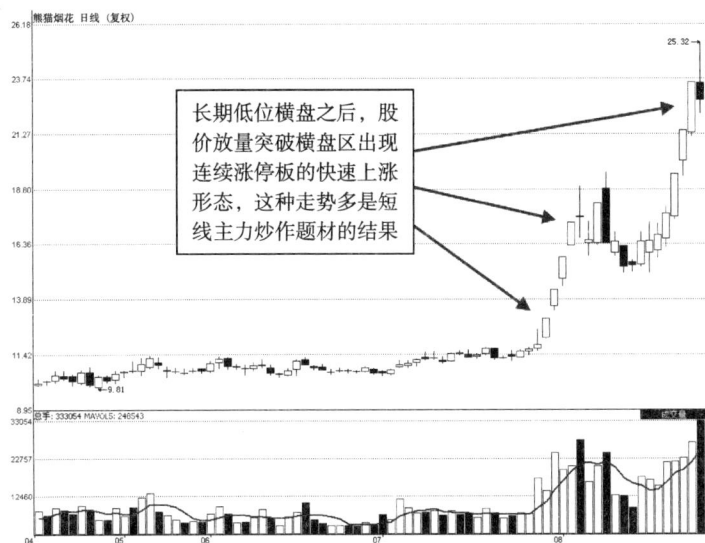

长期低位横盘之后，股价放量突破横盘区出现连续涨停板的快速上涨形态，这种走势多是短线主力炒作题材的结果

图 2-4 熊猫烟花火箭式上涨示意图

图 2-5 为中国船舶（600150）2007 年 2 月 26 日至 10 月 9 日期间走势图，此股在此期间内股价以台阶的方式实现了长期的上涨，其累计涨幅也是惊人的，这种拉升方式多出现在长线主力完全控盘而长期运作的个股中。

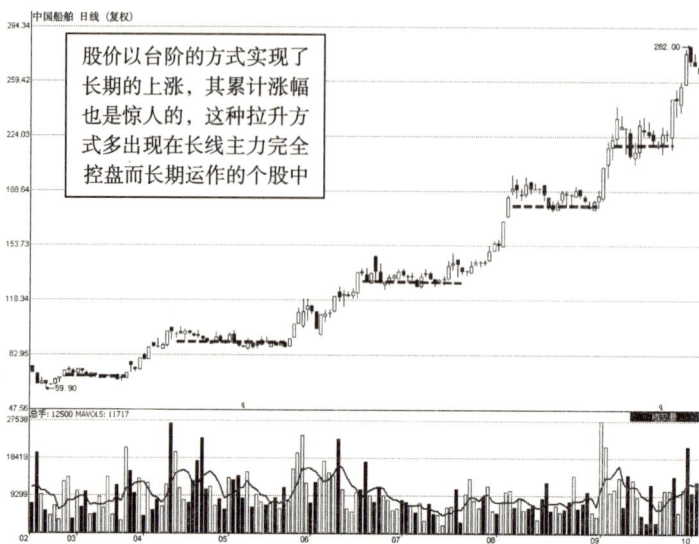

图 2-5　中国船舶台阶式上涨示意图

四、主力洗盘——提高市场平均成本，为继续拉升埋下伏笔

当股价在连续上涨之后，主力为了后期可以从容地出货，因而有必要让低位区介入的散户投资者出局，从而提高市场的平均持仓成本，这样既可以为随后的继续拉升打下基础，也可以避免主力在后期的高位区出货时出现散户与主力争相抛售的局面。在洗盘时，主力机构或是利用长阴刻意制造空头气氛，间接给市场以"头部"的假象，使市场投资者产生恐慌心理，让获利有兑现要求的投资者交出自己的筹码；或是通过较长时的盘整走势让没有耐心的获利投资者在不耐烦情绪下抛出手中筹码。主力洗盘的意图和目标是明确的，洗盘的目的就是清洗掉市场内的获利筹码，使市场内的持股成本趋于一致，如果洗盘效果没达到预期主力就继续反复地进行横盘震荡，或者反复地打压，最后到主力感到满意为止。

在主力的洗盘阶段，洗盘的时间与空间这两个因素是至关重要的：洗盘的时间讲究的是节奏，如果时间太短，难以较好地处理浮码，达不到预期的效果；如果时间太长，则难以吸引场外投资者的追涨意愿，从而不利于后期的出货。一般情况下，在拉升途中的洗盘通常是一二周或数周，在大势偏好的情况下，快速洗盘往往只需要几天；洗盘的空间是指洗盘过程中价格的上下震荡幅度，洗盘幅度的大小既与当时的大盘走势相关，也与主力的持仓力度、控盘能力相关，一般来说，控盘能力较强的主力对幅度的控盘较为严格，多不会让股价出现大起大落的走势，以免给场外投资者低位买入的机会，而对于控盘能力较弱的主力来说，若在洗盘时，大盘出现较大幅度的震荡，则主力多会顺势打压，使得股价短期的震荡幅度加大，这有利于主力利用洗盘过程出现的高低位价位进行阶段性的高抛低吸操作，不过此种大幅震荡的走势也为此股后期再次强势上涨设置了阻碍。

研究主力洗盘的意义就在于：如果你是短线投资者，则可以去发掘那些短线主力炒作的个股，这些个股在洗盘阶段震荡幅度较大，有波段可做；如果你是中线或长线投资者，且布局的又是长线主力控盘的个股，则不应在因缺少耐心及股价途中的小幅震荡而半道出局。此外，关于主力洗盘，我们还可以得到更多的有用的信息以提高实战本领，这些内容，我们可以在日后的实盘操作中慢慢积累。

图2-6为ST金瑞（600714）2009年1月5日至7月29日期间走势图，此股在上升途中多次利用一波上涨后的横盘震荡及小幅回调走势消磨投资者的耐心，从而达到洗盘的目的。

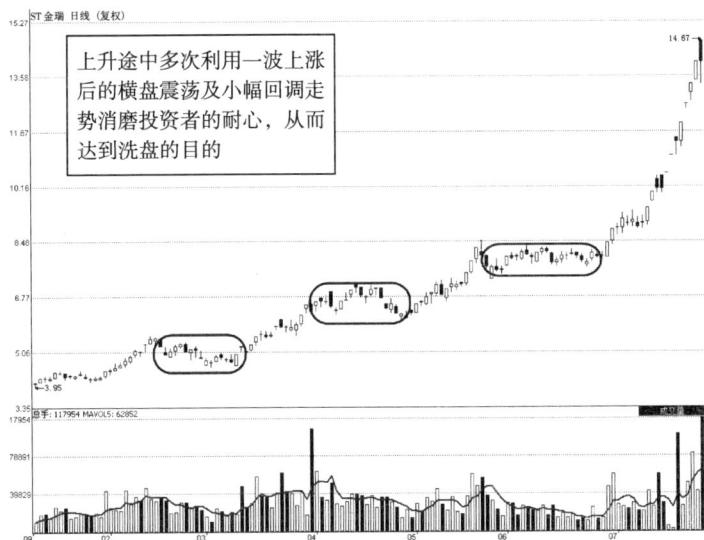

图2-6 ST金瑞上升途中洗盘形态示意图

五、主力拔高——激活市场追高情绪，为后期出货预留空间

拔高多出现在洗盘之后，实际上也就是主力的二次拉升，拔高阶段不是主力控盘中必备的阶段，它的出现往往是由于同期的市场环境较好，而此股的交投气氛也较为活跃。虽然拉升阶段与拔高阶段都体现为股价的拉升行为，但在这两个阶段中拉升股价的目的是有所不同的，拉升阶段主力拉升股价是为了大幅推高股价以实现账面增值，它出现在主力的建仓行为之后，而拔高阶段主力拉升股价则是为了后期的出货预留空间。一般来说，主力在大量出货的时候，势必会造成个股在高位区震荡滞涨的走势，通过拔高，主力可以在出货时处于更为主动的地位。由于拔高的出现，使得股价再一次出现较大幅度的上涨，当主力开始出货时，就不必在高位区刻意护盘了。

在个股走势处于拔高阶段时是最不容易跟庄的，因为这时主力随时都有可能因为大盘走势的震荡而放弃对于此股的拔高行为，而反手进行出货操作。一般来说，在拔高阶段，个股在拔高过程中的上涨走势是急是缓、持续时间长短、拔高时的涨幅大小等主要决定于市场追涨盘的热情及大盘走势情况。当市场人气旺盛、散户投资者追涨意愿较强时，主力只需不多的资金就可以在这一阶段大幅推升股价，因此股价在拔高过程也会上涨幅度较大、持续时间相对较长；反之，当市场人气较为低迷、散户投资者追涨意愿不高时，股价在拔高过程往往会显得相对较为短暂而拔高走势甚至有不出现的可能。

在实盘操作中，若个股处于大幅上涨后的高位区拔高走势中时，投资者若手中没有持股，则不要轻易追涨，此时主力由于获利幅度巨大，随时都有翻手做空、杀跌出货的可能，特别是拔高过程中恰逢大盘震荡，这种个股极有可能出现短期的深幅下跌，风险巨大；而手中持有个股的投资者，则可以见机行事，一旦个股在拔高过程中出现滞涨横盘时就应积极抛出。

图2-7为鲁信高新（600783）2008年10月21日2009年10月16日期间走势图，此股在大幅上涨后于高位区出现了长时间横盘震荡走势，毫无疑问，主力在此横盘震荡期间已有了出货的意愿，但主力想出货，散户投资者却未必肯接盘，而主力又无意打压出货，因而出现了长期横盘震荡的走势。在此股高位区长期横盘震荡走势持续进行的这段时间内，大盘指数一路上

扬，而主力却并没有借横盘震荡出掉多少仓位的货，股价越高则主力后期出货行为就会越主动，随后，主力借良好的市场氛围再次拔高此股，同时制造了一种放量上涨突破的形态，以期彻底激发散户投资者的追涨热情，并为后期出货预留更大的空间。

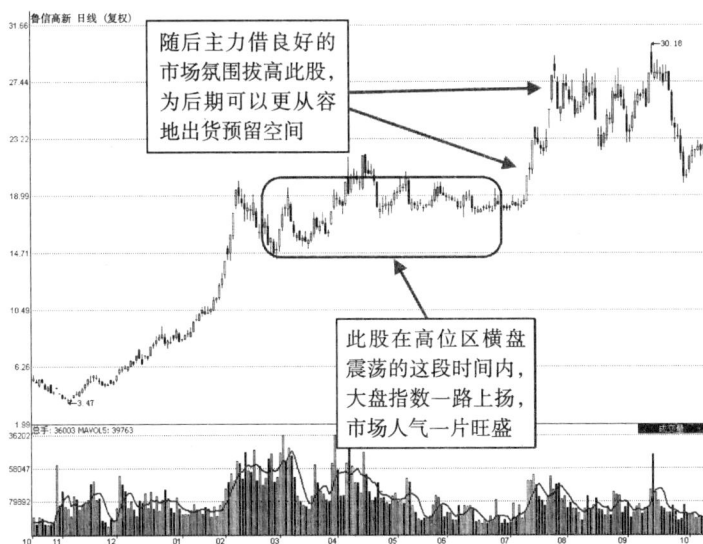

图 2-7　鲁信高新拔高走势示意图

六、主力出货——高位卖出获利筹码，成功实现低吸高抛

出货阶段是主力将手中筹码在高价位卖给市场进行套现的阶段，对应主力"低吸高抛"过程中的"高抛"阶段。而且，出货是主力整个控盘过程中的最后一个环节，也是关系到主力控盘成功与否的最为重要的一个环节，往往也是最难的一个环节。任何一个主力，只有将手中的筹码派发出去，才能使账面的盈利变为实实在在的获利，当主力凭借其强大的资金实力、操盘手法顺利地完成前几个阶段的任务后，此时的股价往往也是高高地站在了"天上"，此时，主力想要出货，但是散户投资者未必肯埋单。一般来说，为达到高位区出货的目的，主力在高位区会反复炒作个股，以期股价能长期稳健地站于高位之上，从而麻痹散户的投资者的风险意识，如果在出货阶段再辅以一定的操盘手法，让散户投资者误以为股价还能上涨或是制造一些人为的"规律"让投机客看到有波段利润可图，往往就会达到较好的出货效果。此

外，在出货阶段，主力可能还会借券商推荐、市场传闻、股评分析等各种各样的外围消息面的利好因素来帮助自己出货。

对于散户投资者来说，当一只个股在经历了前期的大幅上涨来到高位后，我们就要格外留意主力对此股的运作是否已进入到了出货阶段，一般来说，只要我们不抱有在顶部区进行高抛低吸波段操作的侥幸心态，是很容易识别出主力出货行为的。在主力的整体控盘过程中，有两个控盘阶段是最好识别的，因为在这两个阶段，个股的买卖盘力量处于明显的倾斜状态。一个是建仓阶段，在这一阶段，买盘的力量要显著强于卖盘力量，股价重心会出现逐步上移的走势，而且成交量往往也会出现一定程度的放大，且放量形态具有较强的持续性；另一个就是出货阶段，在这一阶段，卖盘的力量要显著强于买盘力量，股价走势出现滞涨形态或是出现重心逐步下移的走势，而且成交量往往会散乱式地放大。下面我们通过实例来看一下在主力出货阶段中的个股形态是怎样的。

图 2-8 为中集集团（000039）2006 年 12 月 12 日至 2007 年 11 月 8 日期间走势图，此股在经历了前期的大幅上涨后，于高位区出现了明显的滞涨形态，且高位区的股价波动幅度极大，前面我们讲到过，在上升走势之中，若个股的股价波动幅度较大，往往说明主力的持仓比重在下降、控盘能力在减

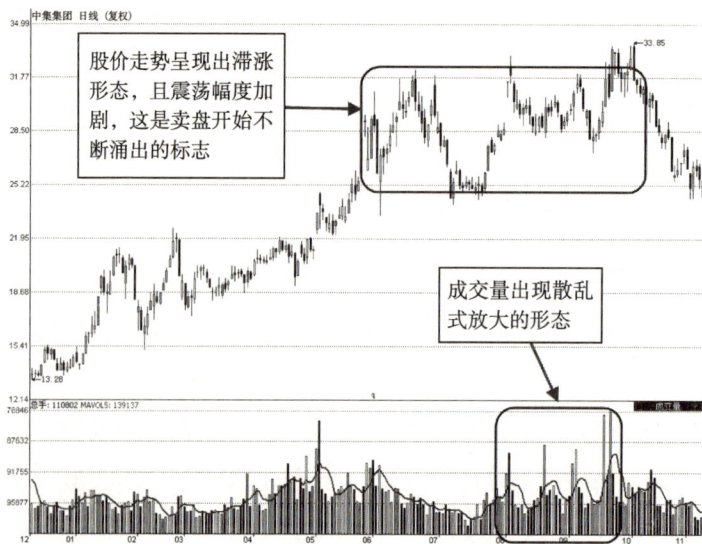

图 2-8　中集集团出货阶段示意图

弱，结合此股的前期大幅上涨走势，我们有理由认为主力已于这一高位区开始了出货行为。同时，在这一阶段中成交量也出现了散乱式放大的形态，种种迹象都表明，当前的个股已处于主力控盘过程中的出货阶段。

第二剑 剑走游龙——透析主力操盘手法，不为市场波动迷惑

主力就相当于股市中的一把"利剑"，它引导趋势、制造趋势，指引着价格前进的方向，但是在这个引导价格前进的过程中，主力还需要有好的剑招才可以从容应对各种变数、才可以在无形中迷惑散户，使之做出错误的判断，从而使主力的控盘过程更加流畅、成功的概率更大。那么，是什么充当了主力手中演绎出的剑招呢？这就是主力的操盘手法，在主力控盘各个过程中，往往要结合这一控盘阶段的主要目的而采取相应的操盘手法，本节中，我们就结合主力的操盘手法来看看主力是如何舞出这些剑招的。

主力的操盘手法是指在主力控盘个股的过程中，为了达到某一控盘阶段的目的，针对散户投资者"恐慌"或"贪婪"的人性弱点，通过打压股价或拉升股价的方式制造出一种个股即将上涨或下跌的盘面形态，并以此盘面形态引发市场投资者出现恐慌或高涨的市场情绪，以达到扰乱投资者正常思维的目的。在散户投资者做出错误判断的情况下，主力往往可以轻易地实现其相应控盘阶段的目的。依笔者经验来判断，虽然主力在控盘过程中有很多操盘手法，但其中最为常见且最为有效的操盘手法只有两种，即打压手法与对倒手法，理解了这两种手法，对于主力可能还会使用的其他手法我们就不会觉得无从着手了。本节中，我们就来重点介绍打压手法与对倒手法。

一、打压手法

"打压"，顾名思义，是指主力通过抛出筹码打压股价的行为，这一手法多出现在主力手中有一定筹码的情况下，往往是主力为了低位吸筹或是震掉市场获利浮筹而采用的方法。

当主力吸筹时，若此时股价处于深跌之后的低位横盘区震荡运行之中，

若此股的股价走势波澜不惊，无论对于刚买入的投资者来说，还是对那些已处于被套状态的投资者来说，其卖出意愿将是较低的，因为股价的低价位是不容置疑的事实，此时，若主力采用打压手法，有两方面好处：一是在结合大盘震荡的基础上，打压股价可以制造恐慌的市场氛围，从而让投资者产生错觉，认为此股的"底"深不可见，进而抛出手中的廉价筹码，而主力则可以借机吸筹；二是当股价经打压过后再度反弹至打压前的价位时，对于那些在打压时没有因恐慌而抛售筹码或是没来得及抛筹码的散户投资者而言，多会因持仓信心不足而进行抛售。可以说，低位区的打压是为主力建仓服务的，它的成功是基于投资者的恐慌心态。

在主力震仓或洗盘过程中，也往往会出现打压式的操盘手法，此时，由于主力持续的建仓或是稳健的拉升，使得股价已明显地脱离了底部区，因而会产生出一定的市场获利浮筹。通过打压，可以让这些获得利润的散户投资者在担心利润可能消失的不安心态下匆忙抛出手中筹码，提高市场的平均持仓成本，这可为主力的后期控盘计划打下良好的基础。

此外，打压手法还经常出现在老主力对某只个股的控盘过程中。有些老主力可能会借大盘走势而循环运作同一只个股，当主力在前期高位区出货成功之后，此时主力很可能并没完全清掉手中的全部筹码。若此股在前期经历了大幅下跌，则主力可以利用手中的余筹顺势打压股价，造成此股的恐慌情绪，这种恐慌情绪可以将股价杀到非理性的价位，这时主力就具备了在更低价位进行建仓的条件。

图2-9为中国软件（600536）2008年10月10日至2009年3月2日期间走势图。此股在上升途中于2009年2月24日至27日这4个交易日中出现了股价快速下跌的走势，但量能却明显萎缩，这说明市场中的筹码并没有在短期的快速下跌过程中出现大量抛售，而处在一种被"锁定"的状态。一般来说，只有在主力持仓力度较大且控盘能力较强时，个股才会出现这种形态，这就是主力在建仓后、拉升前所采用的打压手法的表现形态。主力通过在短期内快速打压股价，让投资者出现恐慌心态或出现判断错误，其目的就是让那些底部区介入的获利散户投资者在担心利润可能消失的心态下抛售手中筹码，也是为了防止有跟风盘或原持有的持股者搭乘"顺风车"。图2-10为此股打压震仓后的走势图。图中可以看到，在主力完成了拉升前的打压震

仓行为后，此股就出现了一路飙升的走势，而主力的强大控盘能力在这种大幅上涨前的缩量打压走势中就已经得到了体现。

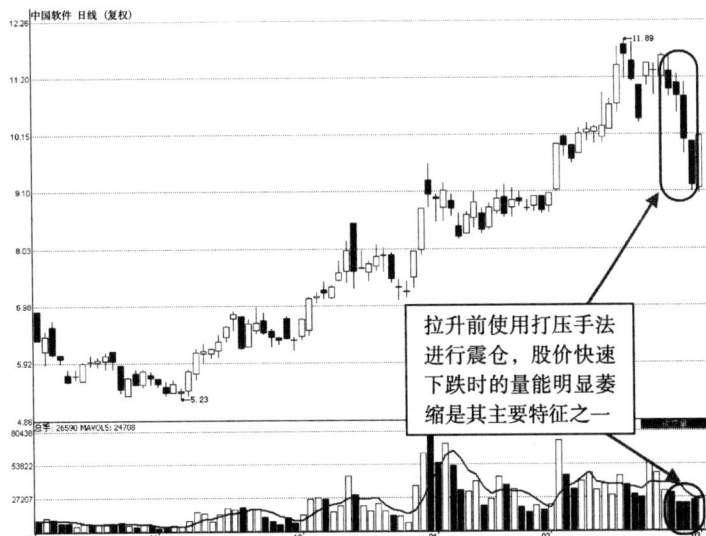

拉升前使用打压手法进行震仓，股价快速下跌时的量能明显萎缩是其主要特征之一

图 2-9 中国软件拉升前打压震仓示意图

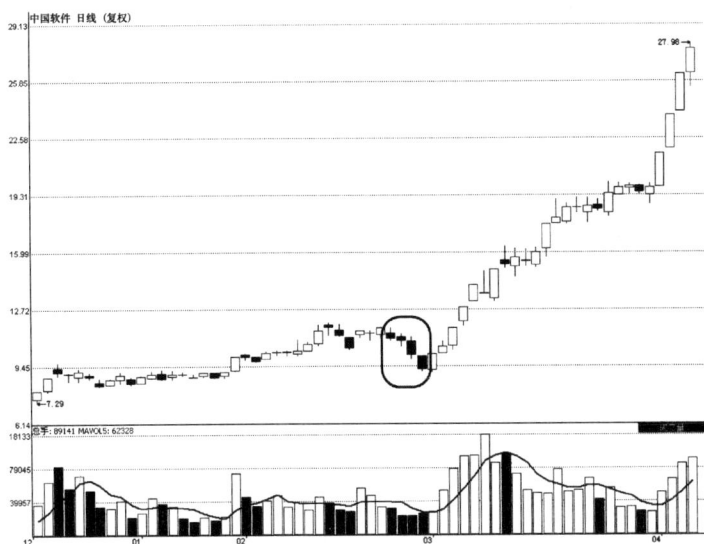

图 2-10 中国软件打压震仓后走势图

二、对倒手法

对倒手法又称为对倒放量手法，是主力针对散户投资者"放量要涨"这种思维方式而采取的操盘手法。对倒主要是为了要制造出一种"放量上涨"的假象，以此迷惑投资者，让投资者误以为此股的人气极为旺盛从而引发投资者的追涨热情，方便主力的控盘。对倒放量，无疑是股价的一种明显异动表现形式，因此也会暴露主力行踪。一般来说，除了建仓、震仓阶段外，拉升、洗盘、拔高、出货这四阶段都有可能出现主力对倒的痕迹，而其中尤以拉升、拔高及出货这三个阶段的对倒行为最为常见。在对倒发生时的盘口中，我们常常可以看到虽然上面的委卖盘较大，但是却可以被不断出现的买盘消化掉，给人一种似乎有主力资金急于买进的感觉。殊不知，主力在建仓时哪会如此宣扬，这多是主力自己挂出的卖单，再自己买进，从而制造大资金入场的假象，以期全面激发市场做多热情。

在拉升阶段，若主力的持仓力度并不是太重，就意味着其控盘能力较弱，此股主力若仅凭自身的资金实力去拉升股价，势必难以收到好的效果，这时利用对倒放量制造高涨气氛就可以起到"四两拨千斤"的作用，因为对倒放量可以充分点燃散户股资金甚至其他短线资金热情，在众人的合力作用下就可以轻松引爆股价。拔高阶段的对倒与拉升阶段有异曲同工之处，所不同的是，这时的价格走势虽然是明显的放量上涨形态，但其涨幅、涨势却要明显地弱于拉升阶段时的对倒放量上涨形态，这说明此时的价格上涨更多地源于主力的对倒拉升，而非市场追涨盘的大量涌入，仅凭主力的对倒来实现拉升，其拉升幅度与效果自然要相对弱很多。

在拉升与拔高阶段的对倒过程中，由于其对倒行为出现在个股前期价格走势处于上升通道的背景之下，对倒多会引发追涨盘及投机盘的涌入，因此，在对倒后，股价往往能有效地站稳于对倒后的相对高位区，且对倒放量的时间也持续得更长一些；但是在个股处于高位横盘震荡走势之中时，由于此时已打破了前期的上升通道，而主力的控盘目的又是十分明确的出货，因此，这时对倒放量只是主力借此激活股性的一种表现形式，它是难以持久且难以有效地站稳于对倒后的相对高位区的，这时的对倒形态我们在前面已讲到过，它就是就位区的"脉冲放量形态"。

图 2-11 为滨海能源（000695）2007 年 11 月 1 日至 2008 年 5 月 12 日期间走势图，此股在这一段时间内处于前期大幅上涨后高位区的横盘震荡走势之中，但是在此期间大盘却开始逐步下行，如图所示，此股 2007 年 11 月 1 日之后的成交量始终保持在极为低迷的形态下，这是无法满足主力出货需要的，而大盘的向下走势仍然没有结束的迹象。迫于无奈，主力采用了连续对倒放量的手法，希望制造出一种此股逆市大涨的假象，从而为自己的高位区出货铺路。在主力的疯狂对倒下，我们可以看到，虽然股价没涨多少，但是成交量却出现了极为明显的放大，这是主力希望通过这种异常放大的量能吸引市场关注，一旦有某个大资金勇于接盘或散户投资者踊跃追涨，主力就可以在这种成交量大增的掩护下成功出局。

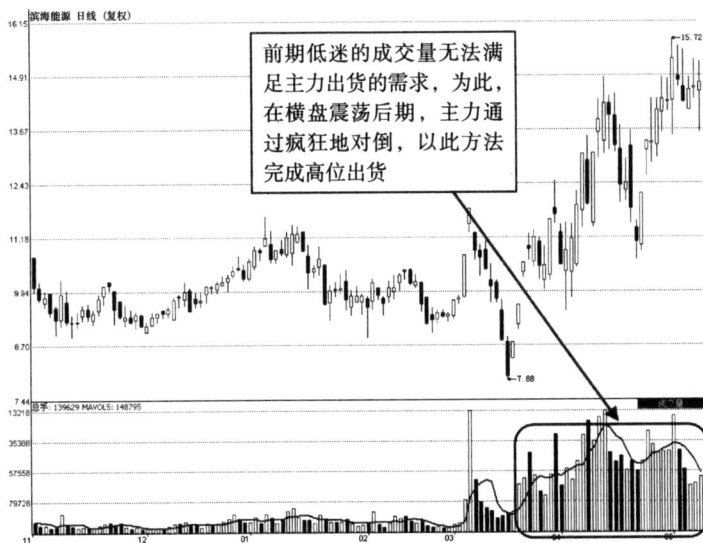

图 2-11 滨海能源主力高位区对倒出货示意图

图 2-12 为保税科技（600794）2008 年 10 月 22 日至 2009 年 8 月 4 日期间走势图，此股在上升途中且前期已有一定涨幅的情况下，利用对倒放量拉升的方式拔高股价，从图中可以看到，虽然在对倒拔高过程中股价的上涨幅度不大，但是成交量却放大得惊人，这一方面说明主力对于此股的控盘力度在减弱，另一方面也说明市场的追涨意愿并不强烈。因此，在这种对倒拔高走势之后，往往也预示着股价在随后相当长的一段时间内难有再次上涨的动力。

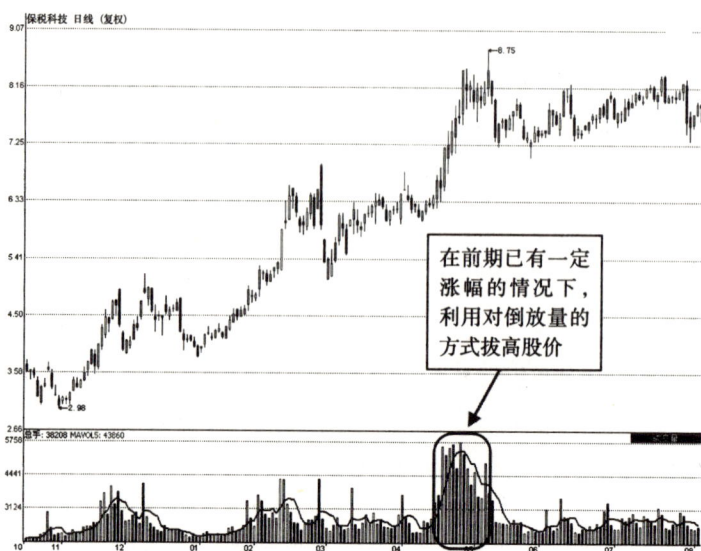

图 2-12　保税科技上升途中对倒拔高示意图

三、跳空拉升抢筹操盘

在跳空拉升的方式中，主力更容易获得筹码。因为价格开盘大涨的时候，更多的持股投资者会考虑兑现收益，那么主力买入股票就相对容易了。从当日价格走势来看，开盘上涨后吸筹虽然只能获得高价筹码，但主力操盘过程是很长的，一次高位吸筹并不影响投资者的操盘和获利。

在股价跳空回升的当天，成交量放大至天量。相比前一日成交量，当天量能可以放大 3 倍以上。如果量能没有放大，筹码不可能大量转手。主力开盘阶段拉升股价，却不急于拉升股价到涨停价，但价格回升趋势不容置疑。天量跳空拉升以后，价格还会处于放量回升趋势中。量能集中释放的时候，主力的吸筹动作非常明确。价格虽然不是一气冲天，但始终维持着回升态势。一段长时间的放量吸筹完毕后，主力控盘程度达到新高，自然会拉升股价。

如图 2-13 所示，华海药业的日 K 线图显示，价格快速回升的过程中，跳空上涨的情况，是投资者不得不关注的主力操盘行为。这一交易日，价格跳空后量能放大 3 倍，明显是主力介入的信号。不仅是在 2013 年 1 月 10 日，2013 年的前三月，该股始终处于放量状态。价格跳空上涨的这个交易

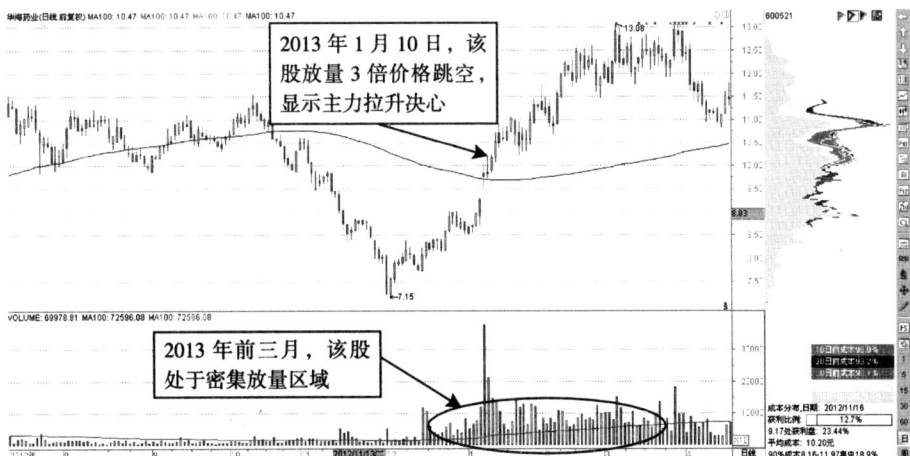

图 2-13 华海药业——跳空回升中吸筹

日，该股表现更为抢眼。集中在某一时段放量，是该股主力资金操盘的重要特征。股价显然处于历史低点，量能处于放大状态，显示主力长期介入的决心。如果吸筹过程中获利丰厚，该股上涨潜力将会非常惊人。

图 2-14 华海药业——跳空回升中吸筹

如图 2-14 所示，华海药业在 2013 年 1 月到 6 月期间，始终处于明显的放量状态。如果以 100 日等量线作为衡量该股的放量与否的条件，那么 2013 年 1 月到 6 月期间，该股处于明确的放量状态。股价从底部企稳回升以后，放量回升的走势，显示主力为了获利动用了大笔资金操盘。当然，这期间主力也在拉升股价的过程中吸筹，以便增加投资回报。

四、被动吸筹拉升操作

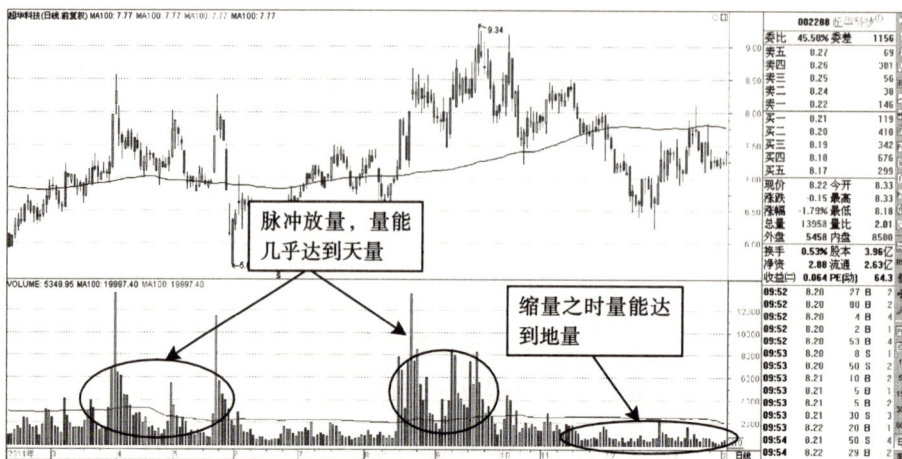

图 2-15　超华科技——量能有序缩放的操盘形式

如图 2-15 所示，超华科技的日 K 线图中，该股脉冲放量的时候，成交量几乎每次都能达到天量状态。而缩量回调以后，价格又持续回落，量能达到地量程度。成交量的缩放非常明确，主力在价格缩量下跌的时候被动吸筹。或者说，主力放量拉升以后不管，任由股价回落后完成被动吸筹和洗盘动作，然后在考虑拉升股价。

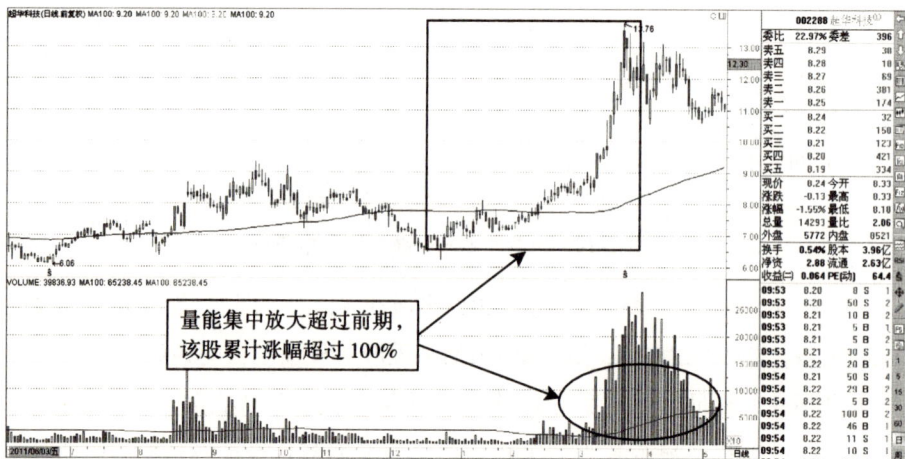

图 2-16　超华科技——强势放量，股价飙升

如图 2-16 所示，超华科技的日 K 线图中，该股放量大涨，累计涨幅已经高达 100%。前期该股虽然也曾出现过放量的情况，但股价上涨潜力不大。但是，这个时候该股持续放量高达 10 倍以上，股价自然出现累计较大涨幅。主力在前期集中吸筹以后，价格回落下来的时候操盘更加容易。在主力操盘达到一定时间后开始的飙升，对投资者来讲无疑是重要的盈利机会。

第三剑 双剑合璧——运用筹码分布理论，尽览股市潮起潮落

主力是一把"利剑"，一旦出鞘，就会指引价格前进的方向，对于主力这把剑来说，我们所要做的是熟悉它的剑招、剑式，而不是去研究如何使用它，因为我们散户投资者当不了市场主力，这不是我们的能力范围之内。但是，在我们对价格走势进行分析的时候，我们的手中也有一把"利剑"，它就是筹码分布理论。在股市的技术分析领域中，筹码理论无疑具有重要的地位，在我们捕捉翻倍黑马的征途中这是必不可少的工具之一，因为它可以让我们更清晰地看到股价的运动过程，也可以让我们对于价格的走势有一个更为准确的预见。对于筹码分布这把"利剑"来说，我们要研究如何运用它，并用这把利剑去试探主力的剑招、剑式，从而达到双剑合璧的效果。

一、筹码分布与筹码转移

广义上的筹码是持有人证明自己拥有某种权利的文书和凭证，在股市中，我们把可以证明持股者权利与义务的股票称为筹码。筹码与现金可以互相转化，投资者买入股票就是一个将现金转换为筹码的过程；反之，抛出筹码则是将筹码转换为现金的过程。筹码理论的核心问题是筹码的成本，即投资者是以什么价位买入的筹码？每个价位上买入的筹码数量有多少？筹码理论之所以如此关心投资者买入筹码的价格，是因为这直接体现了市场的持仓成本情况，而市场的持仓成本情况往往在很大程度上决定了个股的走势。筹码理论有两个核心内容：一个是筹码的分布形态，另一个是筹码的转移过

程。下面我们就来分别看看这两方面的内容。

1. 筹码分布

"筹码分布"准确的称呼为"流通股票持仓成本分布"。顾名思义，它的作用在于估算市场的持仓成本，反映的是在某一时刻上个股的全体流通筹码在各个价位上的分布情况，即全体流通盘在股票不同价格位置上的股票数量分布情况。由于股票交易的持续进行，价格也会随着交易而出现变化，因而筹码分布只是一个静态的概念，它相当于一张照片，所拍下的内容是价格在运动过程中某一时刻的流通盘的分布情况。

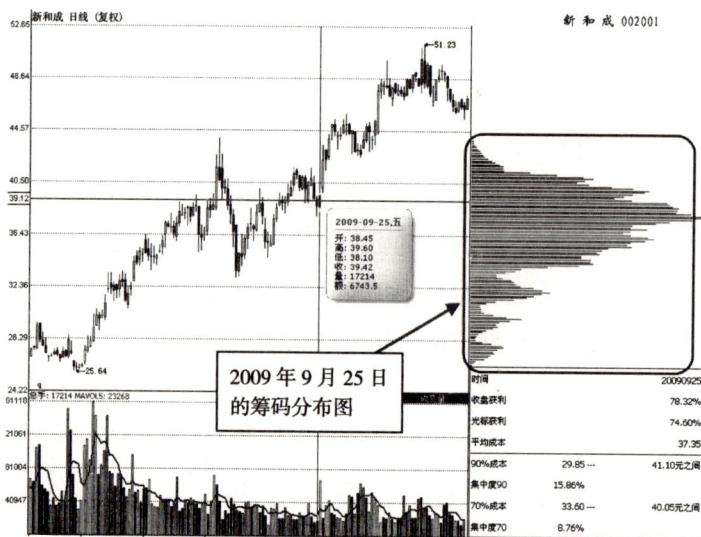

图 2-17　新和成主要、次要、短期趋势示意图

图 2-17 为新和成（002001）2009 年 5 月 4 日至 12 月 15 日期间走势图。图中右侧为此股 2009 年 9 月 25 日的筹码分布图，它被放在 K 线图的右边，在价位上它和 K 线图使用同一个坐标系。当大量的筹码堆积在一起的时候，筹码分布看上去像一个侧置的群山图案。这些山峰实际上是由一条条自右向左的线堆积而成，每个价位区间拥有一条代表持仓量的横线，线越长则说明这一价位的持仓量越大，这些长短不一的线堆在一起就形成了高矮不齐的山峰状态，也就形成了筹码分布图。这是一张静态的筹码分布图，它所反映的是此股在 2009 年 9 月 25 日的筹码分布情况，这一分布情况是当价格运动至这一时间点时所产生的。

2. 筹码转移

某一时间点上的筹码分布形态是一个市场持仓状况的静态写照，但是价格却处于不断的运动过程中，市场对筹码价格的认同是随人们的心理预期而改变的，有人认为该筹码价格不会再上涨，不管盈亏，都要卖出；有人认为该筹码价格不会再下跌，要买进。很明显，静态的筹码分布图无法反映出动态的价格运动过程，此时，我们就需要借助筹码转移这一概念了。所谓筹码转移，就是指在价格的运动过程中，随着持续的交易，当价格处于向上运动的过程中，会使得低位区买入的投资者可以在相对高位区卖出，从而实现筹码从低位向高位的转移；而当价格处于向下的运动过程中，则会使得高位区买入的投资者不得已在相对低位区亏损卖出，从而实现筹码从高位向低位的转移。在日 K 线图上，随着光标的移动，系统在 K 线图的右侧便会显示出随着股价的变化，筹码是如何发生转移的。

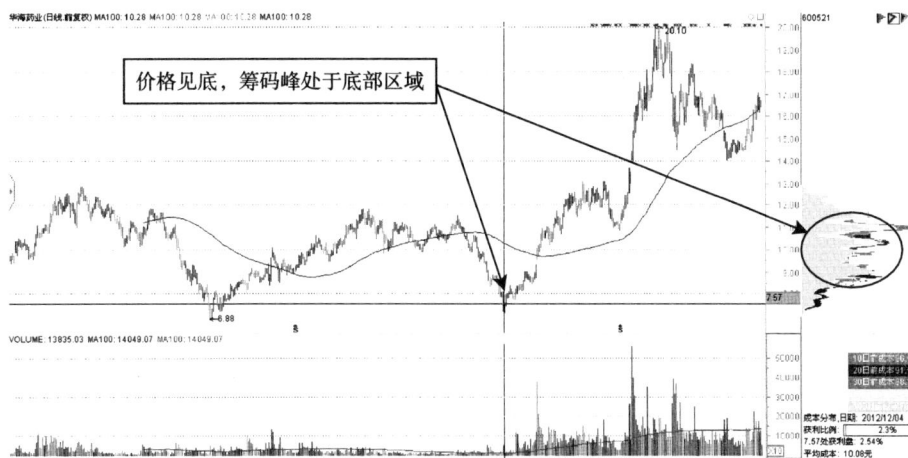

图 2-18　华海药业——价格底部的密集筹码

如图 2-18 所示，华海药业的日 K 线图中，价格从底部企稳回升以后，该股持续震荡上行。股价处于底部的时候，筹码明显聚集在价格高位。从价格低点到前期高位，是筹码密集分布的区域。股价长时间在价格低点横盘的过程中，大量筹码聚集到价格低点。虽然股价持续回落，但该股对应的筹码已经处于低位。一旦股价放量回升，价格低点分布的筹码很容易处于获利状态。

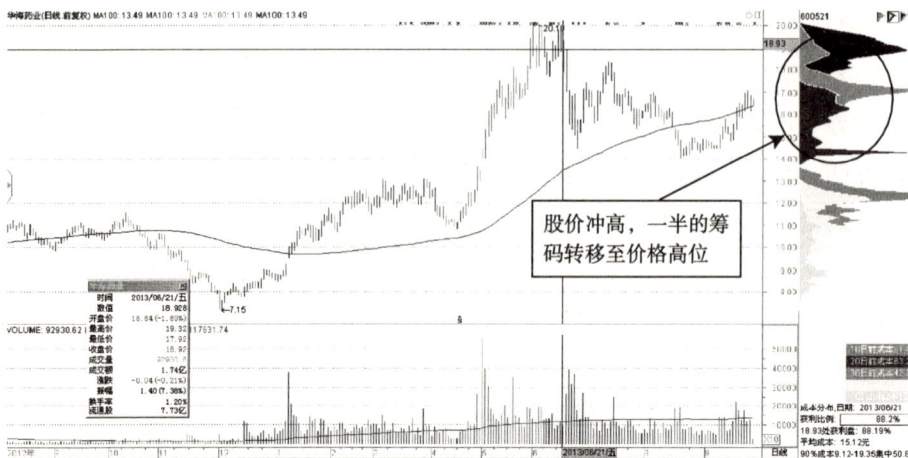

图 2-19 华海药业——半数筹码向上转移

如图 2-19 所示，华海药业连续两个波段放量回升以后，该股上涨空间很大。股价飙升的过程中，大量筹码向价格高位转移，图中显示的价格高位有一半的筹码，前期价格低点的筹码也有一半，表明主力还未大量兑现利润。不过该股上涨空间较大，并且出现了明显的筹码空隙，股价面临回调压力。多方一旦开始兑现利润，股价就将回落下来。

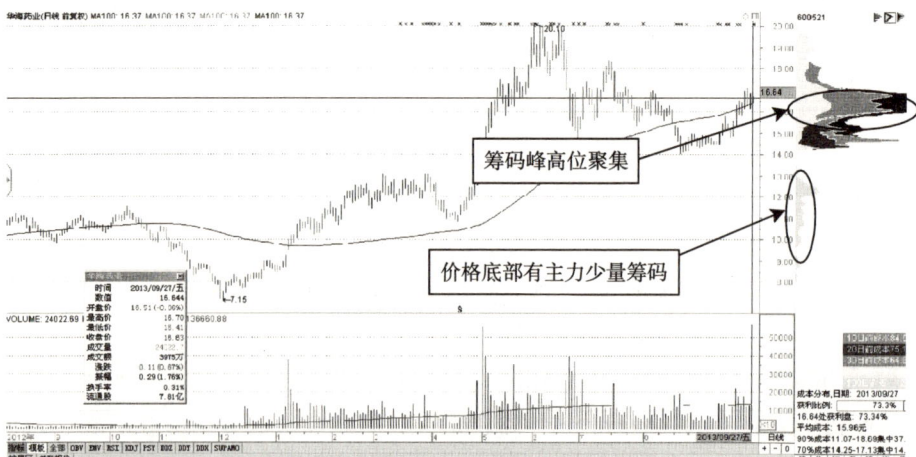

图 2-20 华海药业——高位筹码峰出现

如图 2-20 所示，华海药业从价格高位回落下来，筹码峰密集分布在价格高位。前期价格低点的大量筹码已经明显向上转移，这个时候该股的回落潜力最大。实战表明，如果筹码还未完全向上转移，那么表明主力还没有完成出货动作，价格上涨潜力就会得到释放。

价格回升的过程，就是主力资金筹码向上转移的过程。股票价格被大幅度拉升的时候，伴随着主力大笔资金流入。主力自己不可能只进不出，在获利空间可观的情况下，也会考虑大笔资金出货。完成拉升和出货动作以后，价格低点的筹码消失，高位聚集着单峰筹码，便是主力出货完毕的信号。

二、常见筹码分布形态

不同的筹码分布形态体现了不同的市场含义，只有当我们很好地理解了这些不同形态的筹码分布形态，才可以更好地运用筹码理论去准确地判断出股价的走势。一般来说，我们可以把筹码分布形态统分为两大类，一类是筹码密集形态，另一类则是筹码分散形态。

筹码密集形态是指个股的全体流通筹码密集地分布于某一个狭小的价格区间内，一般来说，当一只股票在某一个价位附近横盘了很长的时间，个股就会在此价位区实现较为充分的换手，使得横盘区上方和下方的筹码向这个横盘区集中，由此也就造成了在这一狭小的横盘区价格空间内聚集了该只股票大量的筹码，且市场的持仓成本也处于这一价位区间，此时筹码分布图上就会形成一种类似于"山峰"的密集形态。一般可以把密集状态分成三种：单峰密集、双峰密集和多峰密集。

单峰密集是筹码分布所形成的一个独立的密集峰形，它表明该股票的流通筹码在某一特定的价格区域内充分集中。根据股价所在的相对位置，单峰密集可分为低位单峰密集和高位单峰密集。单峰密集形态对于我们的实盘操作具有重大意义，当主力为买方而大众为卖方时，所形成的单峰密集形态多是低位区的单峰密集形态，它是主力吸筹的标志，是价格走势看涨的信号；当主力为卖方而大众为买方时，所形成的单峰密集形态多是高位区的单峰密集形态，它是主力出货的标志，是价格走势看跌的信号。

双峰密集与多峰密集形态是股票筹码密集地分布在两个或两个价位区域的表现形态，它们多出现在股价的上涨或下跌途中，多是由于在上涨途中或下跌途中股价出现过横盘整理走势而导致的，可根据上下峰形成的时间次序不同，分为下跌多峰和上涨多峰。顾名思义，上涨多峰是在上升途中形成的，而下跌多峰则是在下跌途中形成的。

上涨多峰的形成过程往往是这样的：当股价突破低位单峰密集形态上行一段时间之后，出现了横盘震荡整理的走势，在横盘震荡过程中，在低位区买入的一部分投资者获利卖出，另一部分继续看涨的投资者在此处买入，在这一横盘区间实现了一定程度的换手，这一横盘区间即是上峰密集。上峰密集的筹码是由下峰部分筹码移位上峰的结果，这样，随着股价上升途中的每一次横盘整理走势结束后，都会形成一个上峰密集，由此，就形成了上涨途中的多峰密集形态。在上涨双峰形态中，下峰部分往往表明了主力现阶段仓底筹码的存有量，具有重要的实战意义。一般来说，只要下峰不消失，我们就可以认为主力并没有大量出货。如果说上涨多峰是因股价上涨过程中导致低位区筹码向相对高位区转移而形成，那么，下跌多峰则是因股价下跌过程中导致高位区筹码向相对低位区转移而形成，其形成过程刚好与上涨多峰相反。

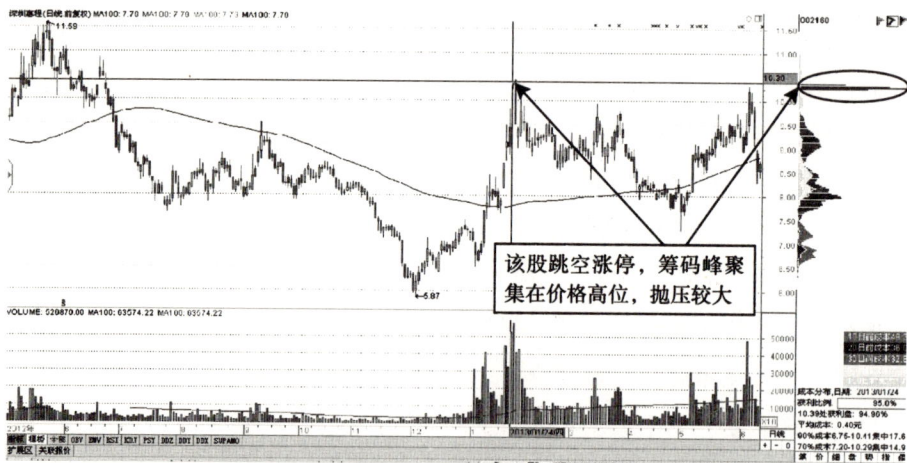

该股跳空涨停，筹码峰聚集在价格高位，抛压较大

图 2-21 深圳惠程——跳空涨停后高位筹码峰

如图 2-21 所示，深圳惠程的日 K 线图中，股价从 5.87 元开始止跌回升，股价大幅度飙升空间高达 77.7%，达到最高价 10.43 元。日 K 线中反映出该股见顶之前出现了跳空涨停的走势。虽然涨停速度很快，但成交量达到天量的同时，大笔筹码聚集到涨停价附近。高位密集单峰就这样形成了。

股价持续飙升后主力快速出货，高位聚集的密集筹码峰就这样形成了。

筹码峰现身价格高位，对后市影响很大。大量散户高位接盘以后，股价瞬间见顶。一旦回落，价格跌幅将非常深。

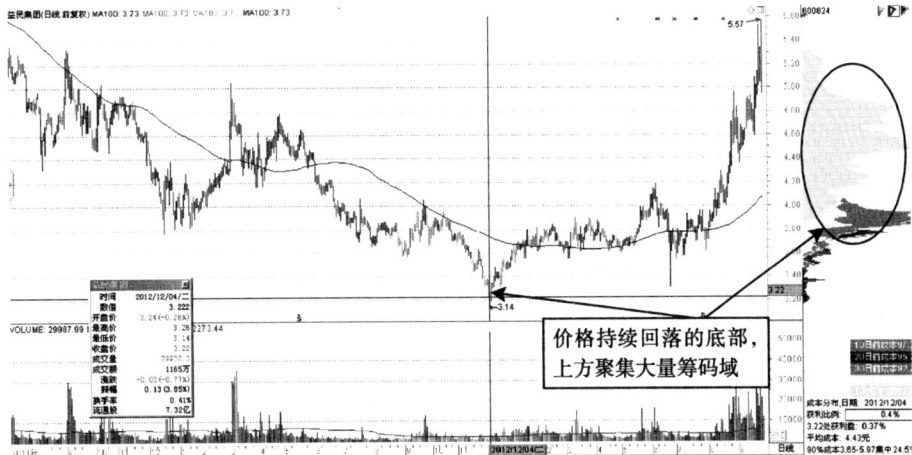

图 2-22 益民集团——价格高位的筹码密集区

如图 2-22 所示，益民集团的日 K 线图中，股价明显已经处于价格低点的时候，投资者可以发现筹码已经密集分布在底部区域。虽然股价还未上涨，但该股的筹码峰已经处于底部。该股价格仅有 3 元多一些，显示价格跌幅巨大的情况下，上涨潜力还是很高的。

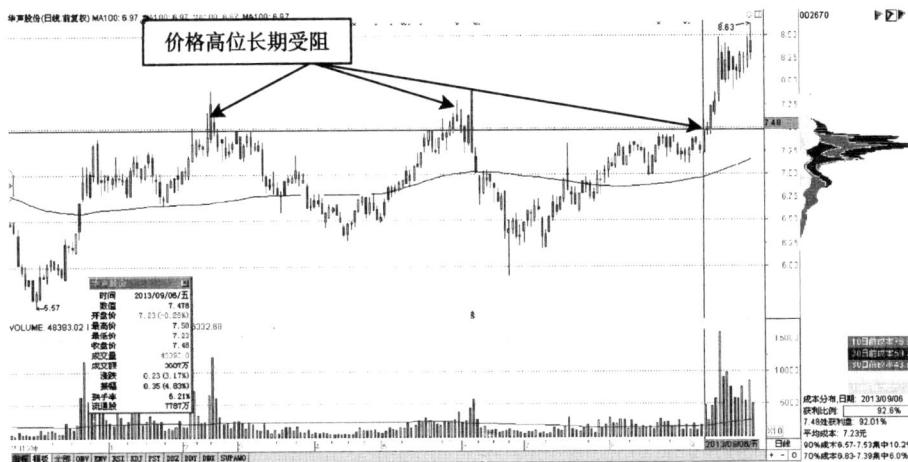

图 2-23 华声股份——价格高位的筹码密集区

该股价格上涨之前，筹码分布呈现出底部密集的筹码峰形态，这是投资者判断股价处于底部区域的基础。价格未涨到股价处于低点，投资者在这个时候建仓风险较小。以低于市场持仓投资者平均价格的情况买入股票，自然能够获利。

如图 2-23 所示，华声股份的日 K 线图显示，股价波动空间虽然很大，但长时间里受制于价格高位阻力不能有效突破。虽然价格高位很大，但筹码密集分布在高位的时候，主力放量做多依然促使股价有效突破顶部区域。从突破前的筹码分布形态看，是单峰密集的形态。价格低点筹码向上集中分布，这种筹码形态容易形成突破。重要的是放量，股价才能有效上涨。

筹码密集分布在价格高位的时候，一般是需要充分调整才能形成突破。股价突破的时候，成交量有效放大，并且超过前期成交量，这才有助于股价回升。大量筹码向价格高位转移，也需要成交量有效放大。主力在价格突破的时候放量买入股票，筹码自然向价格高位转移，股价回升趋势才能得到延续。

三、运用筹码理论理解主力控盘过程及价格走势

股票的走势在表象上体现了股价的变化，而其内在的本质却体现了持仓成本的转换，也就是筹码的转移过程，在理解了筹码分布形态及筹码转移的基础之上，我们就可以借助筹码理论来更好地理解主力的控盘过程及价格的周期运动过程了。

价格运行时出现的由低位到高位，再由高位到低位的周期循环过程往往与主力的运作密不可分，为了深刻理解主力的控盘过程，我们将主力对个股走势的整个运作过程分成了若干阶段，而其中又以建仓、拉升、洗盘、出货这四个阶段最为重要。

在建仓阶段，主力要买入大量的筹码，而主力买入的筹码是来自于市场散户投资者抛出的筹码，主力的吸筹量越大则未来的获利幅度也越大，并且其控盘的能力也更强。因此，为了满足主力大量吸筹的目的，市场流通筹码必须要在这一低位区实现较为充分的换手，只有在这种充分地换手之后，大量的流通筹码才有可能流入主力的口袋之中，主力的吸筹区域就是其持有股票的成本区域，在主力建仓之后，筹码分布形态往往呈现出低位区的单峰密

集形态。

在拉升阶段，由于股价的涨势往往较快，成交异常活跃，部分股民纷纷追涨，同时部分股民获利吐出，筹码加速转手，各价位的成本分布大小不一，此时低价位的筹码会快速地向上转移，但由于上升途中很少会在某一价位区间出现长时间的横盘震荡走势并导致筹码充分换手，因此，拉升阶段筹码多呈现出发散形态或是上涨多峰形态。如果说个股在上涨过程中出现的发散形态可能是其跟随大势运行的结果，那么，个股在上涨过程中出现的双峰密集形态或是多峰密集形态则往往能较好地反映出此股有主力在积极运作。

洗盘多出现在个股的上升途中，前面我们讲过，洗盘是以提高市场投资者平均持仓成本为目的的，因此，在洗盘时，个股往往会出现较为充分的换手，这种较为充分的换手往往体现为个股在相对较长的一段时间内出现横盘震荡走势，或是在相对高位区出现放量滞涨的走势，因此，在主力洗盘过后，筹码往往会密集地分布在这一洗盘区，即形成一个上升途中的密集峰形。

在出货阶段，主力将自己手中低位买进的筹码派发出去，因此在出货时的高位区筹码要实现充分换手主力才有可能完成出货操作，在主力出货过程中或是出货完成时，筹码多会形成高位单峰密集形态，如果说低位区的单峰密集形态是机会的预示，那么，这种高位区的峰密集形态则是风险的预示。随着高位区充分的换手，而当低位筹码搬家工作完成时，主力出货工作也宣告完成，一轮下跌行情也随之降临。

任何一轮行情都是由高位换手到低位换手，再由低位换手到高位换手的过程，低位充分换手是吸筹阶段完成的标志，高位充分换手是派发阶段完成的标志。这种成本转换的过程不仅是主力利润实现的过程，往往也是散户割肉亏损的过程。在理解了前面的筹码转移过程后，投资者在实盘操作中，就应秉持着在低位单峰密集形态下买入，而在高位单峰密集形态下卖出的原则，真正做到低吸高抛、与主力操盘行为一致。

如图 2-24 所示，维科精华处于价格低点的时候，大量筹码已经被套牢在价格高位。该股止跌回升之前，投资者参与这样的股票很容易亏损。

筹码峰明显处于被套牢的状态，股价上涨趋势不容易形成。即便价格真的会走强，如果没有量能的配合，股价很难突破筹码峰对应的阻力位。从该

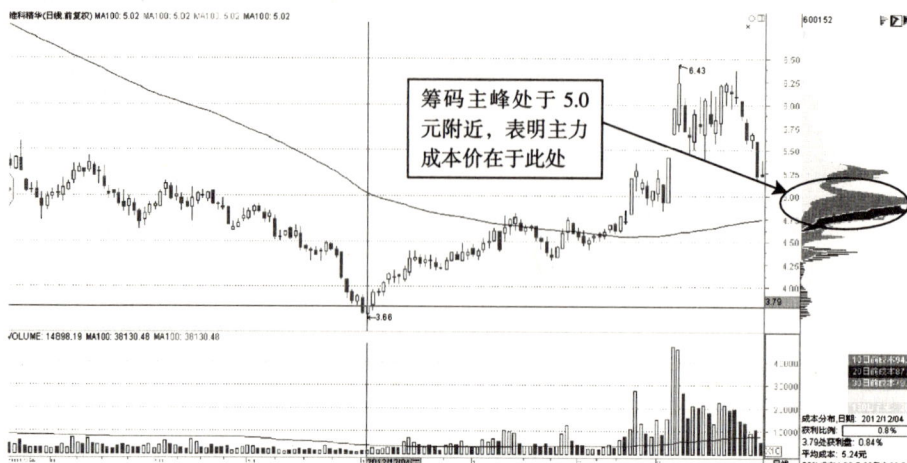

筹码主峰处于 5.0 元附近，表明主力成本价在于此处

图 2-24　维科精华——主力筹码高位套牢形态

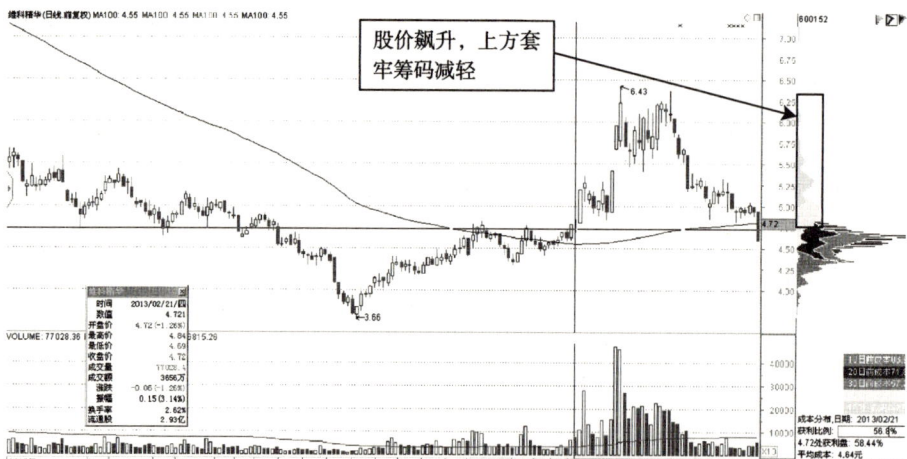

股价飙升，上方套牢筹码减轻

图 2-25　维科精华——流动性高筹码峰出现

股的触底回升的起始点开始，投资者可以一睹主力控盘时候筹码移动到过程，从而判断主力操盘方式。

如图 2-25 所示，维科精华的日 K 线图中显示，主力拉升该股大幅度回升以后，筹码峰已经明显接近阻力位。考虑到这个时候价格高位的筹码还很多，主力必然会在这个时候放量拉升，才能顺利突破筹码密集的阻力区域。这个筹码阻力区，也是套牢比较严重的价格区域。该股实现上涨，必然要突破才行。

如图 2-26 所示，维科精华的日 K 线图中显示，股价短线快速跳空涨停，价格波动空间很大，筹码分布上表现出明显的空缺区域。这样一来，该股就存在回调风险了。高位筹码一旦短线聚集，股价上涨潜力又不足，表明主力借机出货明显。

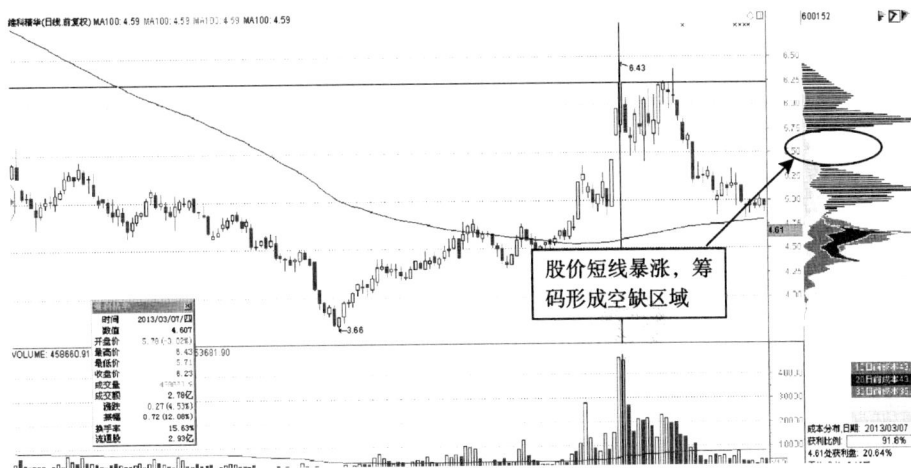

图 2-26　维科精华——筹码峰出现断档

图中筹码分布状态显示，筹码空缺部位上涨，主力还未大量出货。如果说筹码缺口以上的区域聚集了单峰密集筹码，那么股价将会出现下跌情况。但该股并未出现这种形态，表明股价还存在进一步调整的空间。

如图 2-27 所示，维科精华的日 K 线图中，股价跳空上涨以后横盘情况出现。该股连续放量波动的时候，大量筹码已经高位聚集。股价虽然还未大

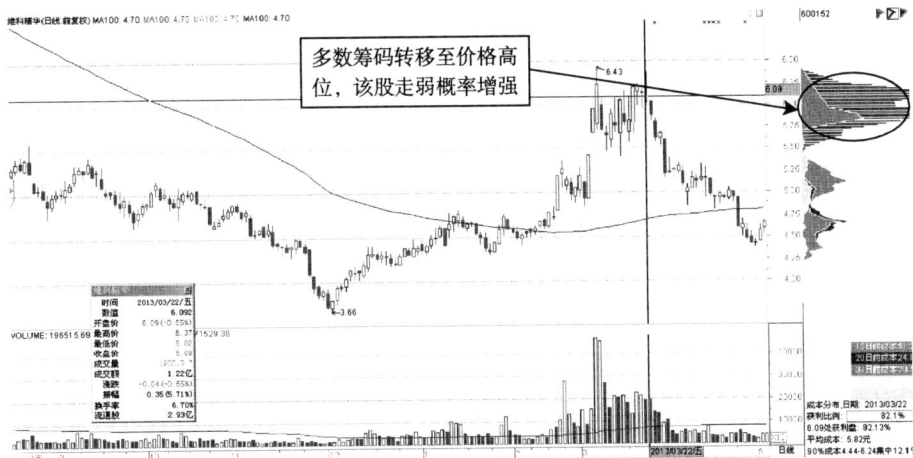

图 2-27　维科精华——筹码高位聚集，价格回落

跌，做空信号显然已经出现。特别是在筹码空缺区域还未消失之前，该股一旦回落，下跌空间将会很大。

从该股后市表现看来，随着量能的萎缩，股价下跌空间进一步打开。高位密集聚集的成交量，正是股价下跌的主要原因。跳空涨停的大阳线，为散户追涨提供了信号，同时也是追了高位减仓的信号。虽然价格下方还存在大量筹码，但主要筹码已经密集分布在价格高位。这样一来，判断做空信号已经刻不容缓。

主力拉升股价以后，筹码就是从低点转移至高位。谁能在高位换手，谁就能成功逃顶。事实也证明只有散户高位接盘，主力才能将筹码转移至散户手中，股票价格才有可能大幅度下挫。

四、筹码分布理论的不足之处

筹码分布理论可以让我们更好地理解主力的控盘过程及价格走势的周期循环过程，但一个不容忽略的事实是：在筹码分布图中，我们无法区分主力的筹码和大众投资者的筹码，也不清楚两者之间的比例。通过看筹码分布图我们一般很难确认此股是否有主力入驻，因此，在应用筹码分布理论时，我们还应结合其他技术分析方法，如利用量能形态、价格走势、盘中交投细节等信息来判断一只个股是否有主力入驻通过这些信息，当我们确认一只个股有主力入驻后，就可以利用筹码理论来解析主力的控盘过程了。

中部

捕捉黑马股——招式篇

第一招　打马立桩，气沉丹田
——低位平台区放量捕捉翻倍黑马

想要成为高手，要有好的根基才行，对于习武之人来说，打桩、丹田运气无疑是最为重要的基本功，它们虽然不是什么华丽的招式，但却效果惊人。这两项是衡量习武者功力深浅的主要标准，练好了这两项，至少就已成了半个高手；同样，在我们捕捉黑马时，也要关注那些动能储备充足的个股。而低位平台区的放量形态正是反映个股动能充足的最好形态之一，这一形态也是我们捕捉翻倍黑马的一种重要形态。在本招中，我们就来详解一下低位平台放量下的市场含义及如何应用低位平台放量去捕捉翻倍黑马。

"低位"与"高位"是一对相对的概念，我们所说的低位区是指从中长线的角度来看，此时的股价要么是处于深幅下跌之后，要么是历史估值情况下的价值低估区，可以说，当个股的股价处于明显的低位区时，主力往往会有强烈的入场买入的意愿，但是低位区的放量并不一定就是主力资金介入的结果，它也有可能是恐慌性抛售导致的结果，在分析这种低位区的放量形态时，我们一定要结合股价的走势来做具体分析。

当低位区的放量是由恐慌性的抛售导致的时候，此时，股价会在卖压突然变大的情况下出现大幅下跌的走势，如果在此之前个股处于下跌途中的话，那么，我们就要考虑到这很有可能意味着新一轮跌势的展开。因此不能急于入场抄底，而应静观其变。一般来说，若个股可以在深幅下跌后维持较长时间（多在一个月以上）低位平台震荡走势，我们才可以称此股的走势为止跌状态，也才可以认为底部可能已经到来。

当低位的放量是由场外买盘资金快速介入导致的时候，此时，由于主力资金或是场外资金的快速介入，个股的走势要么是呈现出深幅下跌后的止跌企稳回升形态，这种形态预示着个股前期的下跌趋势已近结束，是趋势反转的信号；要么呈现出长期横盘震荡之后的股价上升形态，这种形态预示着个股已开始突破盘整阻力位，是步入上升通道的信号；这一低位在将来相当长的时间里很可能成为投资者经常所说的"底部"。"底部"与"顶部"是一对相对概念，底部是从顶部跌下来的，而顶部则是从底部涨上去的，若我们对顶部与底部之间的相隔距离进行一下量化，依据笔者的经验来说，底部的价位一般不会高于顶部价位的一半，当个股出现这种幅度的下跌后，若随后出现了至少一个月以上的强势震荡横盘走势，则往往可以成为一个构筑较为坚实的底部。低位平台的止跌走势并伴以成交量的持续放出是资金持续流入个股的迹象，意味着多空双方的实力已开始发生根本性的转变，是个股阶段性底部出现的标志，也是我们捕捉翻倍黑马的标志。下面我们结合具体实例来看看如何应用这一方法。

图 3-1 为广汇股份（600256）2008 年 8 月 15 日至 12 月 1 日期间走势图，此股在经历了长时间的下跌后，于低位区出现的止跌回升的走势，且成交量呈现出明显放大的形态。如图标注所示，低位区的成交量平均值要明显高于前期下跌途中的量能，且量能放大效果的持续性极好，结合股价的止跌回升的走势，我们有理由认为这是场外资金开始持续大力介入的表现形式，它预示着个股在短时间内储备了大量的做多动能，也意味着做空动能正在被

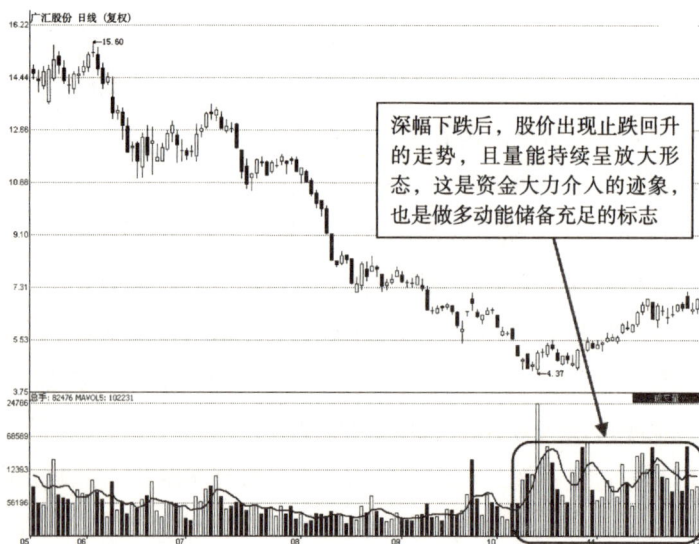

图 3-1 广汇股份低位平台放量示意图

快速瓦解，是个股在后期将要大幅上涨的信号。

图 3-2 为广汇股份 2009 年 12 月 1 日之后的走势图，此股在买盘的不断推动下出现了大涨的走势，而这期间的翻倍的走势已提前通过 2008 年 12 月 1 日之前的低位平台放量形态反映了出来。在本例中，我们应重点关注这种低位区的量能形态。一般来说，只有量能可以持续放出才意味着或是有主力资金在大力介入，或是市场的多空力量已发生了逆转，从而才能保证其后期上涨走势可以持续下去。而当低位区的量能形态呈现出脉冲式放量形态时，则并不意味着买盘开始大力介入，也不是个股后期可以走出翻倍行情的标志。

图 3-2　广汇股份低位平台区放量后走势图

若我们不能准确地把握什么样的低位放量形态才是捕捉翻倍黑马的准确信号，则很有可能把下跌途中的放量反弹形态当作这一信号，由此操作则会亏损惨重，因此，我们有必要看看下跌途中的放量反弹是一种什么样的表现形式。

图 3-3 为江西长运（600561）2007 年 12 月 13 日至 2008 年 8 月 5 日期间走势图，此股在前期的顶部区震荡之后，在此期间已明显地处于下跌途中，在跌幅不浅的情况下于跌途中出现了一次放量上涨的走势，这一次的放量上涨形态是不是买盘开始大力介入、市场多空双方实力发生转变的信号

呢？通过成交量形态及价格走势，我们就可以对这一形态究竟是途中反弹形态还是跌势末期的底部形态有一个清晰的认识。

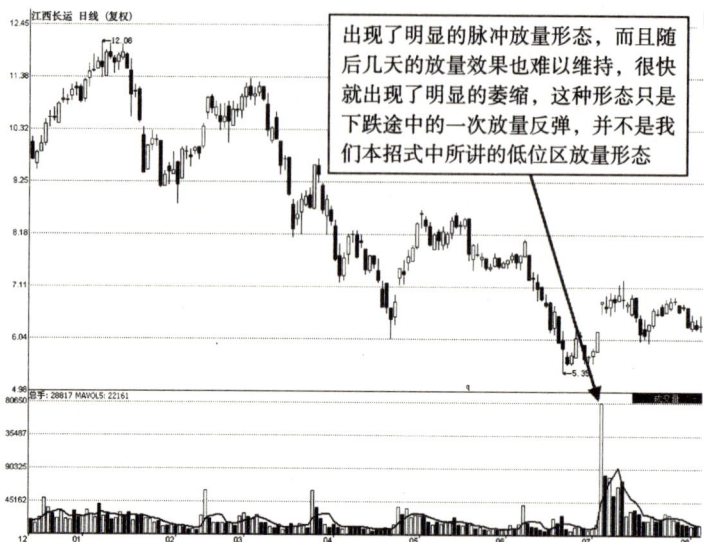

图3-3　江西长运下跌途中放量反弹示意图

　　如图3-3标注所示，在反弹初期，首先是一个天量的脉冲式放量形态的出现。我们在前面的量价原理分析方法中讲到过，脉冲放量形态多与主力出货的行为有关，而且此股的脉冲放量出现在下跌反弹的初期，即使在此之前的在场全部获利盘都进行了抛售操作，其量能也是绝不可能达到这个数值的，因此，这必定是主力对倒才造成了如此的放量效果，而主力对倒所形成的造量效果只会增加市场散单的买入意愿，而不会加增加市场散单的卖出意愿，因此，主力的对倒意图并不是吸筹。通过这个脉冲放量形态我们可以认为这不是底部区出现的标志。如图所示，在脉冲放量之后，此股的量能也维持在一个相对较高的水平上，但是这种量能效果却仅仅维持了几天，随后成交量就出现了明显的萎缩，这种量能放大效果无法有效持续下去的形态说明并没有场外资金在持续加速流入，因此个股也就很难在此位置形成底部，而且，在量能放大较为明显的这几日中，价格走势也呈现出重心下移的倾向，因此，我们可以断然认为，放大的量能所反映的市场含义与其说是买盘数量较大，还不如说是卖盘的压力更大。通过以上的分析，我们可以很清楚地判断出这种下跌途中的放量上涨走势仅是一次反弹行情，它并不是我们本招式中所讲的那种可以用来捕捉翻倍黑马的低位区放量形态。

图3-4　江西长运下跌途中放量反弹后走势图

图3-4标注了此股随后的走势图，可以看到，在这一次较为短暂的反弹行情之后，此股再一次地步入到了快速下跌走势之中。

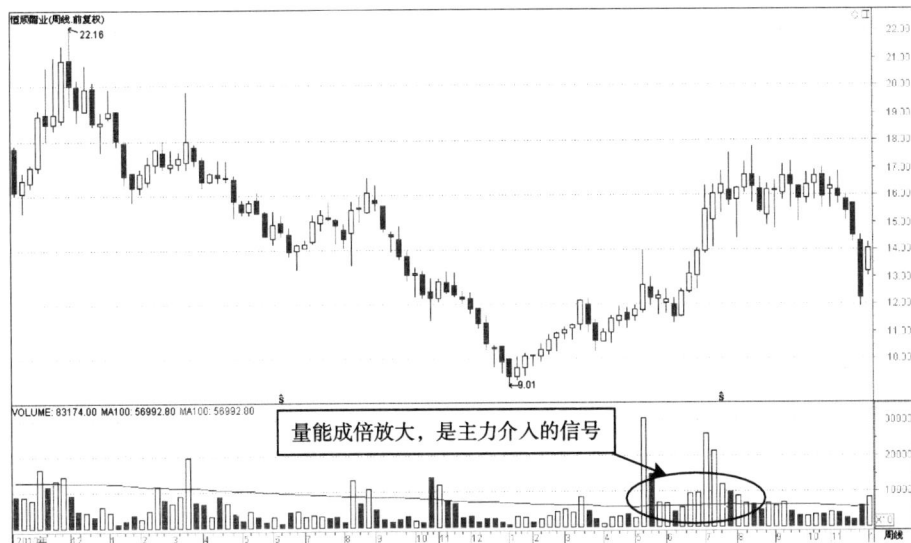

图3-5　恒顺醋业低位平台区放量示意图

图 3-5 为恒顺醋业（600305）2010 年第四个季度至 2012 年第四个季度
价格走势图，此股在长期的深幅下跌后，于深幅后的低位平台区出现了止跌
企稳的走势，同时量能出现了明显的放大。这种持续的放量说明了一点，即
场外正有源源不断的资金在加速流入此股，由于量能放大的效果较为明显且
持续性非常强，因而，我们可以有理由认为这是主力资金开始加速建仓的标
志，综合此股的累计跌幅及主力资金低位大力介入这两点因素，我们有理由
认为此股的后期涨势是值得期待的。

图 3-6　大龙地产低位平台区放量后走势图

图 3-6 为此股低位平台区放量之后的走势图，可以看到，在主力的积极
运作下，此股的累计涨幅惊人，而这种强势的上涨早在之前的低位平台区的
放量形态就已充分地体现了出来，只要我们细心观察并善于捕捉，是可以将
这一黑马股攥在手里的。

图 3-7 为彩虹股份（600707）2008 年 3 月 19 日至 2009 年 1 月 23 日期
间走势图，此股在深幅下跌后，于低位区出现了止跌回升的走势，且成交量
呈现出明显放大的形态。如图标注所示，低位区的成交量平均值要明显高于
前期下跌途中的量能，且量能放大效果的持续性极好，结合股价止跌回升的
走势，我们有理由认为这是场外资金开始持续大力介入的表现形式，它预示

着个股在短时间内储备了大量的做多动能，也意味着做空动能正在被快速瓦解，是个股在后期将要大幅上涨的信号。在我们捕捉黑马时，也要关注那些动能储备充足的个股，而低位平台区的放量形态正是反映个股动能充足的最好形态之一，这一形态也是我们捕捉翻倍黑马的一种重要形态。

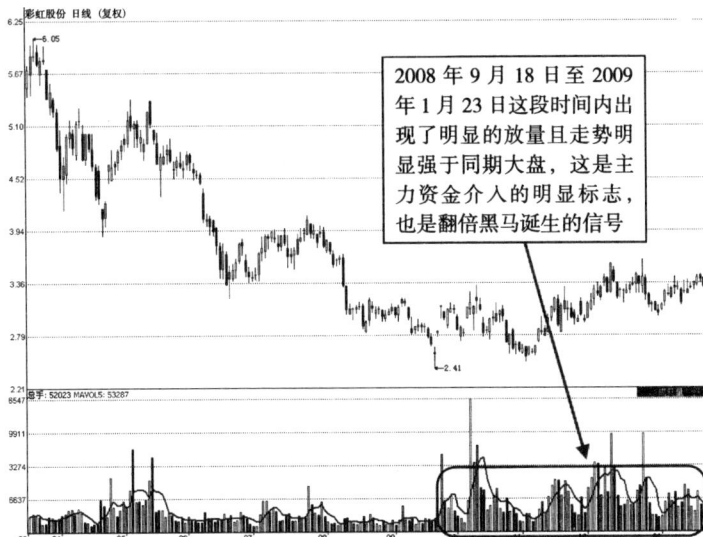

图 3-7　彩虹股份低位平台区放量示意图

对于此股来说，还有一点是值得我们注意的，这就是此股在低位平台放量并出现止跌回升这段时间（2008 年 9 月 18 日至 2009 年 1 月 23 日）其走势明显强于同期大盘，图 3-8 标注了大盘 2008 年 9 月 18 日至 2009 年 1 月 23 日这段时间的走势，从图中可以看出，在 2008 年 9 月 18 日的一波反弹后，大盘再度向下创出新低，而同期的彩虹股份走势则明显强于大盘走势，通过个股这种逆市的形态再结合其他分析要素来把握主力动向进而捕捉翻倍黑马也是我们重要的着手点之一，投资者应引起重视。

图 3-9 为彩虹股份低位平台区放量之后的走势图，此股在买盘的不断推动下出现了大涨的走势，而这期间的翻倍的走势已提前通过 2008 年 9 月 18 日至 2009 年 1 月 23 日这段时间的低位平台放量形态反映了出来。在本例中，我们应重点关注这种低位区的量能形态，一般来说，只有量能可以持续放出才意味着或有主力资金在大力介入，或是市场的多空力量已发生了逆转，从而才能保证其后期上涨走势可以持续下去。而当低位区的量能形态呈

现出脉冲式放量形态时，则并不意味着买盘开始大力介入，也不是个股后期可以走出翻倍行情的标志。

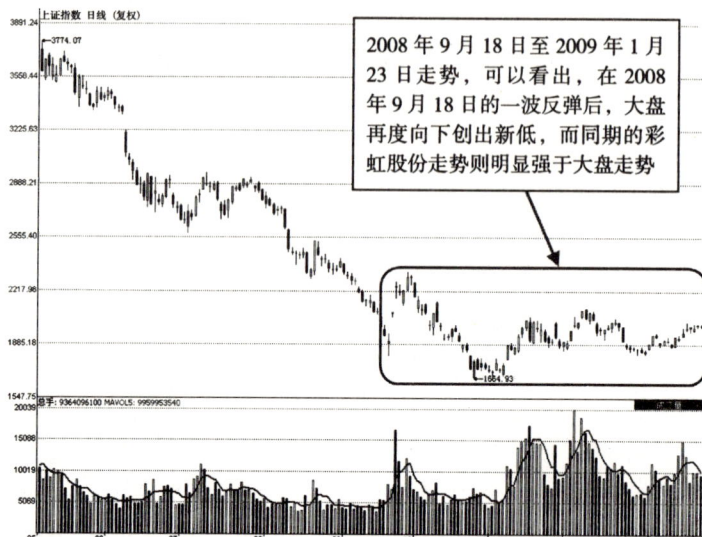

图3-8　大盘指数2008年9月18日至2009年1月23日期间示意图

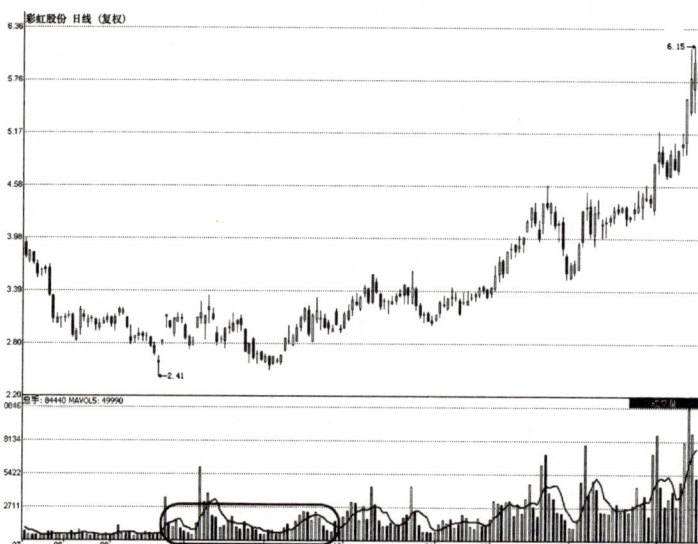

图3-9　彩虹股份低位平台区放量后走势图

图3-10为华菱星马（600375）2012年3月19日至2013年5月2日期间走势图，此股在深幅下跌后，于低位区出现了止跌企稳的走势，同时量能

图3-10　华菱星马低位平台区放量示意图

出现了明显的放大，这种持续的放量说明了一点，即场外正有源源不断的资金在加速流入此股，由于量能放大的效果较为明显且持续性非常强，因此，图3-11为此股低位平台区放量之后的走势图。可以看到，在主力的积极运作下，此股的累计涨幅惊人，而这种强势的上涨早在之前的低位平台区的放

图3-11　华菱星马低位平台区放量后走势图

量形态就已充分地体现了出来。可以说，深幅下跌后的低位平台区放量是我们捕捉黑马股的重要招式，虽然这种机会并不多见，但只要它一出现，只要投资者懂得这一招式，并对其市场含义领会深刻，它就会为我们带来惊人的收益，而且，通过这种形态捕捉黑马股也是风险最小、收益最大的一种最佳手段。

第二招　圆月弯刀，完美弧形
——圆弧底形态中捕捉翻倍黑马

在古龙的小说《圆月弯刀》中，圆月弯刀本身就是一种充满魔力的兵器，且不说使刀之人的武功如何，单凭刀那令人诧异的弧形就足以使人望刀生畏。圆月弯刀出手时也没有华丽的招数，它就是那么轻轻地一挥，显得极为自然和谐，然而却是没有人能避开它的，就像没有人能避开圆月所洒出的那柔和的月光一样；同样，在股市的技术分析领域中，也有一种形态极为优美的弧线形态，仅凭这种弧线走势，我们甚至不需要劳神费力地去揣测主力的意图、分析市场的环境冷暖，就可以较有把握地断定这是一只未来潜力巨大的个股，这种弧线形态在股市中有一个很形象的称呼——圆弧底，下面我们就来详细地了解一下圆弧底这种可以诞生翻倍黑马的 K 线形态。

"圆弧底"，顾名思义，是指 K 线形态在低位区呈现出圆弧形状的走势，这一形态大多出现在价格的深幅下跌之后，随着股价跌势的放缓，空方力量逐渐减弱，而多方力量则开始由弱转强，它清晰地显示了多空双方力量此消彼长的全过程，前期的深幅下跌使得市场的交投情况趋于平淡，此时市场人心涣散，卖方由于跌幅过大而不忍割肉出局，买方担心跌势仍没有结束，也不敢贸然进场，这时的量能会呈现出一种相对萎缩的形态，但下跌总有一个极限位置，这与我们平常所说的"物极必反"的道理是一致的，涨的时候可以持续大幅上涨，但涨势总有一个顶点，且涨得越快、越急，则顶点出现的时间也越早；同样，在持续下跌之后，跌势也总有一个底部，并且前期跌得越快、越急，其底点出现的时间也要更早些。

当价格在深幅下跌之后达至某一价位区间时，此时或是由于市场的悲观气氛已有所减弱，或是有远见的主力、一些场外投资者见价位已明显低估，认为是入场的时机，于是，原有的以空方力量为主导的格局出现了转变，在场外资金不断入场买入的情况下，股价从急速下跌转为缓慢下跌，底部的波动幅度逐渐收窄，股价及成交量都会相应地出现缓慢上扬的走势，从而形成了圆弧底形态。圆弧底形态较为清晰地显示了多空力量的转换过程。同时，它也是我们仅从形态去预测价格走势的方法中为数不多的几种形态之一，对于圆弧底形态之后为何可以产生翻倍黑马，如果我们仅从多空双方实力转化的角度去判断，是很难得出这一肯定性结果的，此时，我们就应引入主力这个概念。由于市场的多空双方的自然交投过程多呈现出一种非规则性的形态，若没有一股神秘的主力资金在其中进行引导，则个股走出完美的圆弧底形态几乎是不可能的，这就像自然界不存在那种神秘的万有引力，则天体之间的那种完美的椭圆形轨道也是不可想象的。因此，当个股出现优美的圆弧底形态时，我们可以把它看作是多空双方实力正在悄然发生转变，但还应注意到这极有可能是主力在其中积极运作的结果，而深幅下跌后的个股若有主力积极运作，其后期走势必定是值得期待的。

圆弧底形态的完全形成还要等到主力大力推高股价使其脱离圆弧顶底部时，圆弧底区域是主力加仓吸筹的一个区域，且充分显示了主力较强的控盘能力。一般来说，出现圆弧底形态的个股大多都有老主力隐藏其中，正是基于老主力在圆弧底未出现时，手中就已握有大量筹码，才使得个股在这一区域画出了优美的圆弧底形态。由于老主力在后期的积极运行，圆弧底形成后的中长期升幅往往比较大。圆弧底形态是明确的底部反转信号，该形态形成后的上涨规律是：股价向上突破颈线位后，后市上涨的幅度至少是底部低点到颈线位垂直距离的一倍。

图4-1为红豆股份（600400）2012年11月30日至2013年8月15日期间走势图，此股在深幅下跌之后，出现了一个明显的圆弧底形态，并且在圆弧底形态形成之后，股价也出现止跌上扬的态势，同时成交量也出现了明显的放大，由于这一形态出现在个股的深幅下跌之后，而且这一形态出现时又恰逢大盘处于止跌企稳的走势之中，圆弧底形态后放大的量能也充分说明了场外资金介入迹象明显，它的出现既预示着底部的出现、下跌趋势的结束，也预示着随后反转行情的出现，由于此股在走出圆弧底形态之后并没有火爆的题材来支撑，因此在买入时机上，我们不必急于追涨买入，可以耐心地等到圆弧底形态形成之后的一波明显回调时再介入。

图4-1　红豆股份圆弧底形态示意图

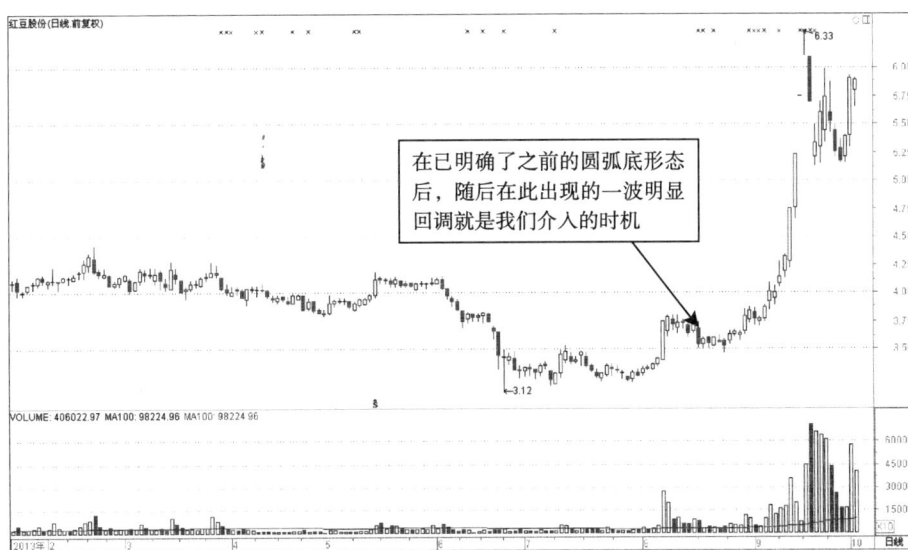

在已明确了之前的圆弧底形态后，随后在此出现的一波明显回调就是我们介入的时机

图4-2　红豆股份圆弧底形态后走势图

图4-2为此股圆弧底形态后的走势图，此股在圆弧底形成之后又出现了一波明显的回调走势，在之前明显的圆弧底形态后，此时的回调就是我们介入此股的最好时机。图中标注了这一介入时机点，而且从它后来的走势可以看到，其涨势较为迅捷，且涨幅也是较大的。通过深幅下跌后的圆弧底形态，我们可以有效地在这匹黑马股启动前介入，从而分享后期大幅上涨所带

来的收益。

图4-3为双良股份（600481）2008年7月9日至2009年1月12日期间走势图，此股在大幅下跌之后于低位区出现了一个明显的圆弧底形态，圆弧底形态较为清晰地显示了多空力量的转换过程。同时，它也是我们仅从形态去预测价格走势的方法中为数不多的几种形态之一，圆弧底形态既是空方力量逐渐减弱、多方力量则开始由弱转强的信号，也是主力在其中积极运作的信号，这种形态一旦出现，而且是出现在个股的深幅下跌之后，往往意味着此股的后期走势是值得期待的。

图4-3　双良股份圆弧底形态示意图

与ST海星的圆弧底形态有所不同，此股在形成圆弧底形态之后的横盘震荡止跌企稳走势中，成交量出现了明显的放大，我们在第一招"打马立桩，气沉丹田"中曾经介绍过，深幅下跌后的低位平台区放量形态是捕捉翻倍黑马的手段之一，因而，结合此股之前的圆弧底形态，我们可以更有把握地预测此股的后期涨势将是较为惊人的。可以说，在运用各种各样的招式捕捉翻倍黑马的过程中，我们不必局限于单一的招式，如果一只个股有多方面特征符合翻倍黑马形成的条件，则我们的成功率往往会更高，而且，采用综合的方法进行更为全面的分析，也是我们增加胜算的最为有效的捷径，对于这种分析方法，投资者在实战运用中应加以注意。

图 4-4 为双良股份圆弧底形态形成后的走势图，在圆弧底形态形成之后的一波回调走势中就是我们介入的最好时机。如图 4-4 所示，此股在经历了圆弧底形成之后的一段时间的强势横盘震荡之后，就步入了上升通道，且累计涨幅是极大的。

图 4-4　双良股份圆弧底形态后走势图

图 4-5 为深长城（000042）2008 年 7 月 22 日至 2009 年 2 月 22 日期间走势图，与前两个例子不同的是，此股在深幅下跌之后，出现了两个明显的圆弧底形态，并且在每个圆弧底形态形成之后，股价都能在随后的圆弧底形态的相对高位区站稳，这既说明了做空动能的枯竭，也说明了有主力资金在其中积极运作。在第一个圆弧底形态形成之后，我们可以看到此股的成交量出现了明显的放大，由于这一形态出现在个股的深幅下跌之后，因而圆弧底形态后放大的量能充分说明了场外资金介入迹象明显，它的出现既预示着底部的出现、下跌趋势的结束，也预示着随后反转行情的出现。在第二个圆弧底形成时及形成后，我们可以看到，相对之前的成交量来说，此时虽然股价更高了一点，但是成交量却出现了相对的萎缩，这种先放量后缩量的形态出现在大幅下跌后的低位区，是主力资金大力吸筹后导致市场浮筹减少的结果，我们在随后的招式"次低位横盘缩量中捕捉翻倍黑马"中将会更为详细地介绍这种先放量后缩量的量能变化形态，这一形态也是诞生黑马股的重要

形态之一。通过以上的分析，我们可以看出，此股的后期上涨走势是值得期待的。

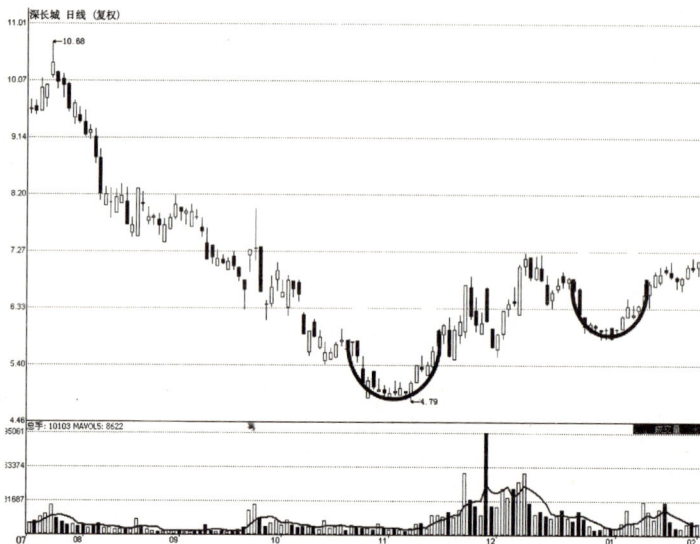

图 4-5　深长城圆弧底形态示意图

　　图 4-6 为此股圆弧底形态形成后的走势图，此股在第二个圆弧底形成之后，出现了强势的横盘整理形态，同时在盘整中出现了极度缩量的成交量形

图 4-6　深长城圆弧底形态后期走势图

态，这时就是我们利用圆弧底形态来展开实盘操作的最佳买入时机，从它后来的走势可以看到，其涨势较为迅捷，且涨幅也是较大的，透过深幅下跌后的圆弧底形态，我们可以有效地在这只黑马股启动前介入，从而分享后期大幅上涨所带来的收益。

图 4-7 为中路股份（600818）2008 年 8 月 21 日至 11 月 17 日期间走势图，此股在深幅下跌后形成了一个极为标准的圆弧底形态，圆弧底形态较为清晰地显示了多空力量的转换过程。同时，它也是我们仅从形态去预测价格走势的方法中为数不多的几种形态之一，圆弧底形态既是空方力量逐渐减弱、多方力量则开始由弱转强的信号，也是主力在其中积极运作的信号。一般来说，市场很难在正常的交投之下走出极为标准的圆弧底形态，我们可以推测这一圆弧底形态的出现与主力的参与关系很大，圆弧底形态越标准，则主力参与的可能性也就越大，主力对个股的控盘能力也往往是越强的，这种形态一旦出现，而且是出现在个股的深幅下跌之后，往往意味着此股的后期走势是值得期待的。

图 4-7　中路股份圆弧底形态示意图

与上面所讲的例子不同，此股在形成圆弧底形态并开始向上突破时，是以涨停板方式来完成的，从图 4-8 可以看出，在股价完全脱离圆弧底形态的时候，此股出现了一个相对缩量的涨停板，结合此股之前的标准圆弧底形态，此时，我们可以将它的走势概括为："标准的圆弧底形态+缩量涨停板突破。"这种形态反映了什么样的市场含义呢？从涨停板入手的话，此股的涨停源于当时市场上迪士尼题材正处于火爆的炒作之中，而此股又"突然间"搭上了迪士尼概念的"快车"。中路股份的迪士尼题材是由于上市公司有一块与迪士尼主题公园相邻的土地，因而，市场可以对这块土块的升值前景给予充分的幻想，市场对于火爆的题材股的炒作往往是凶悍地连续拉出涨停板，而此股目前又身处低位区并以涨停板的方式启动，因而，其后期走势很可能是火箭式的上冲行情；从涨停板突破时的缩量及标准的圆弧底形态，我们可以得出已有主力提前入驻此股的结论，在主力锁仓拉抬的过程中，出现这种涨停缩量的走势也就在情理之中了。

图 4-8　中路股份圆弧底突破示意图

　　图 4-9 为此股圆弧底形态突破之后的走势图，可以看到，在主力炒作题材股的背景下，此股连续走出了 9 个涨停板的飙升行情，对于我们普通投资者来说，是可以通过启动前的圆弧底形态来得知主力的介入，并通过圆弧底形态之后的缩量涨停突破来识别出主力强控盘能力的，因而是可以在此股启动初期就介入的。可以说，只要我们善于分析，就可以分享此股短期大幅上涨所带来的高额回报。

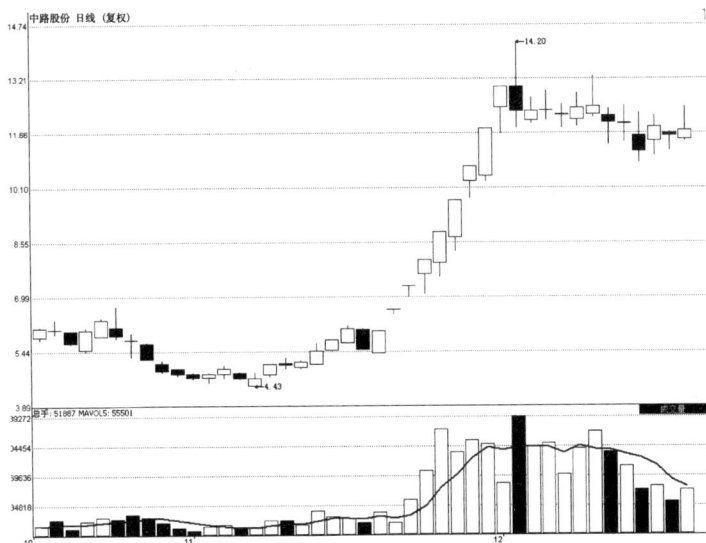

图4-9　中路股份圆弧底突破后走势图

　　图4-10为中炬高新（600872）2008年5月9日至2009年1月20日期间走势图，此股在深幅下跌之后，出现了两个明显的圆弧底形态，并且在每个圆弧底形态形成之后，股价都能在随后的圆弧底形态的相对高位区站稳，这既说明了做空动能的枯竭，也说明了有主力资金在其中积极运作，在第一个圆弧底形态形成之后，我们可以看到此股的成交量出现了明显的放大，由于这一形态出现在个股的深幅下跌之后，因而，圆弧底形态后的放大的量能充分说明了场外资金介入迹象明显，它的出现既预示着底部的出现、下跌趋势的结束，也预示着随后反转行情的出现，通过以上的分析，我们可以看出，此股的后期上涨走势是值得期待的。

　　图4-11为此股圆弧底形态形成后的走势图，此股在第二个圆弧底形成之后，于圆弧底右侧的相对高位区出现了强势的横盘整理形态，这种形态往往是个股即将启动的标志，从它后来的走势可以看到，其涨势较为迅捷，且涨幅也是较大的，通过深幅下跌后的圆弧底形态，我们可以有效地在这只黑马股启动前介入，从而分享后期大幅上涨所带来的收益。

　　在了解圆弧底形态的基础上，我们可以顺便来了解一下与圆弧底形态恰好相反的一种形态——圆弧顶，它是圆弧底的相反形态，圆弧底出现在个股深幅下跌之后，而且其形态往往与主力的建仓行为有关，是空方力量转弱、

图 4-10　中炬高新圆弧底形态示意图

图 4-11　中炬高新圆弧底形态形成后走势图

多方力量转强的标志；与此相反，圆弧顶形态则是出现在个股的大幅上涨之后，这一形态多与主力的出货行为有关，是多方实力转弱、空方实力转强的标志，圆弧底形态预示了黑马股的诞生，是我们买入的好时机，而圆弧顶形态则是风险的象征，是我们卖出的信号。

图 4-12 海岛建设圆弧顶形态示意图

图 4-12 为海岛建设（600515）2012 年 10 月 1 日至 2013 年 6 月 4 日期间走势图，此股在大幅上涨之后于高位震荡区出现了一个明显的圆弧顶形态，这一形态的出现，说明空方已取代多方成为市场的主导力量，由于此股目前身处长期大幅上涨后的高位区，因而这是顶部形成的标志，是个股即将步入跌势的信号。图 4-13 为此股圆弧顶形态形成之后的走势图，在经过一波无力的反弹之后，此股就步入了大幅下跌的走势之中。

图 4-13 海岛建设圆弧顶形态形成后走势图

第三招　白蛇吐信，青龙摆尾
——次低位横盘缩量中捕捉翻倍黑马

在股市中的 K 线走势中，有一种次低位的横盘形态与白蛇吐信、青龙摆尾这两种招式极为形似，不过在实盘操作中，我们还要结合这一形态下的成交量特征来进行分析，这就是所谓的次低位横盘缩量形态。下面我们就来看看这一形态所蕴含的市场含义，以及这一形态为什么可以成为我们捕捉翻倍黑马的招式之一。

对于投资者来说，"次低位"可能还是一个相对陌生的概念，下面我们就来了解一下什么是次低位。要了解次低位，我们先从低位谈起。所谓低位，就是指个股经长时间且幅度巨大的下跌之后所位于的区间。一般来说，"低位"往往是与"底部"相对应的，但由于"底部"这一概念往往是我们在事后才得出的，但是低位区则不同，当个股出现了大幅度的下跌之后（相对于下跌前的高点来说，其累计跌幅往往能达到 50% 以上），并于深跌后在某一位置出现了止跌企稳、难以再度大幅下跌的走势时，我们就可以认为这里是低位区。在低位形成之前，投资者不宜盲目抄底做反弹。一般来说，我们可以把次低位看作是于个股在经历之前的最低位探底走势之后的一波反弹之后所形成的。当个股经深幅下跌达到了最低位时，由于空方力量枯竭、多方力量涌入，从而使股价迅速地脱离了最低位区间，达到比近一段时间最低股价高 20%~30% 的价位这个位置，在中线上看是比较低的位置，但是，如果从短线上看它又是相对的高位，可以说，"次低位"指的是中线。

那么，次低位是如何形成的，它又具有什么样的市场含义呢？次低位横盘的时间长短如何呢？为什么次低位横盘缩量形态是我们捕捉翻倍黑马的重要方式之一呢？

首先，我们来看看次低位横盘形态是如何形成的。在个股形成低位之前，往往处于快速下跌走势之中。持久的下跌及一跌再跌的走势往往让市场投资者普遍产生一种深不见底的错觉，这时由于市场蔓延着恐慌的情绪与不安的心态，若无重大的利好消息或火爆的题材支撑，很难走出"V"形反转的走势。但下跌总有个底，当场外买盘资金发现底部将现、估值诱入时，多会开始入场买股，之前的快速下跌往往预示着随后的快速反转，此时往往会形成一个快速的小"V"形反转，从中长线的角度来看，它的上涨幅度不大，但是从短期的角度来看，其30%左右的涨幅也不算是很低，投资者若只凭局部的眼光而过于关注短线的波动则很可能认为在反弹后的相对"高位区"介入是不划算的，而且多没有意识到底部的出现，也正是这种心态，使得投资者即使发现了随后的次低位横盘缩量形态，也往往并没加以注意。当股价经这一波较为有力的低位反转上涨之后，来到一个次低位区，对于之前的这一波反弹走势，很多投资者都认为这只不过是下跌过程中的一次小小的挣扎，股价随后仍会再次下跌，但是，出人意料的是，股价此时或许是出现强势的横盘，或许仅仅是出现了一波小小的回调，使得其在次低位区稳稳地站住了，从而形成了次低位横盘的形态，次低位横盘形态的出现有效地说明了个股已于深幅下跌后出现了止跌企稳的走势，而这种止跌企稳的走势正是多空双方实力悄然转变、趋势处于反转之中的显著信号。

其次我们再结合量能形态来看看次低位横盘时的缩量代表了什么样的市场含义。缩量是一个相对的概念，一般来说，在次低位横盘缩量出现之前，我们多会看到个股于低位区出现了较为明显的放量形态，通过这个"放量—缩量"的过程，我们看到市场的浮筹已出现明显的缩小，因此，我们多认定次低位横盘缩量形态，是较为常见的主力吸筹后的锁仓体现，正是由于主力在深幅下跌后的低位区进行了积极的买入操作，才使得个股在深幅下跌之后出现了一波较为明显的上涨走势，当主力随后放缓了吸筹的步伐时，在获利浮筹的抛出下，个股也就自然而然地停止了上涨，但由于在前期的低位区，主力的大力吸筹行为及在这一波上涨后的积极锁仓行为，使得此股的抛压并不大，此时若主力积极地接下这些获利浮筹，则个股往往能在上涨后的高位区呈强势横盘；若主力并没有积极承接，则个股多会出现一小波回调走势，低位区的放量与次低位区的横盘缩量所形成的效果对比越明显，则说明主力在低位区的一波上涨中吸筹量越大，此时的控盘能力也越强，此股的未来上涨潜力也越大。

次低位的缩量横盘既是主力快速吸筹后的锁仓行为的表现，也是主力在拉升前的一次洗掉市场浮筹的手段，次低位横盘缩量形态所持续的时间往往并不长，但是在主力的维持下，其波动幅度往往较小，由于个股在之前的一波上涨走势中势必会产生一些获利浮筹，因此，对一些已经获利且耐性较差的投资者来说，在看到个股出现这种"无利可图"的窄幅震荡形态时，往往会产生获利了结的愿望。通过次低位的横盘走势，主力可以有效地洗掉这些在随后的拉升中可能会对其形成阻碍的获利浮筹。因而，我们可以说，次低位横盘缩量形态不但是主力建仓、锁仓形为的标志，而且往往也是个股启动前的洗盘标志，它的出现，说明主力资金已强势入驻个股，并在等待时机进行拉升，因为这种股票一旦启动，其涨幅往往十分惊人，但由于次低位横盘缩量走势持续时间并不是太长，股价波动较小且量能也并无异动形态，往往很难进入到投资者的视野之中，此时就需要投资者通过复盘、量比等方式来发现这种次低位横盘的个股了。

图 5-1 为永鼎股份（600105）2008 年 7 月 30 日至 2009 年 1 月 21 日期间走势图，此股在大幅下跌后，于低位区首先出现了一波明显的放量上涨走势，股价从最低位的 2.60 元区经这一波反弹上涨到 4.20 元区，虽然从中长线的角度来看，4.20 元仍是一个较低的价位，但个股短期的上涨幅度超过 50%却是一个明显的事实，因此，在其后的一波小幅回调所形成的横盘震荡走势，我们应将其称为次低位。此股在次低位震荡走势时所出现的明显缩量形态是我们应重点关注的，如图 5-1 标注所示，这时的量能要远远小于之前的一波上涨走势时的量能，这种走势充分地说明了前期低位区的获利筹码并没有在已明显获利的情况下进行抛出，它们被有效地"锁定"了，那么，是谁锁定了这些筹码呢？对于散户而言，当自己手中的个股已获利超过 30%的时候，就有一种极强的获利了结的愿望，而且，横盘震荡的走势对于获利浮筹具有极强的消耗作用，因而，我们不能期望散户可以锁定自己的获利筹码。在前面的分析中，我们已经知道了次低位的横盘缩量多是主力快速吸筹后的锁仓行为，通过本例中所标注的次低位横盘之前的量能与次低位横盘时的量能所呈现出的明显反差，我们可以直观清晰地看出主力锁仓的效果。

图 5-2 为永鼎股份次低位横盘缩量后的走势图，此股随后在主力的积极

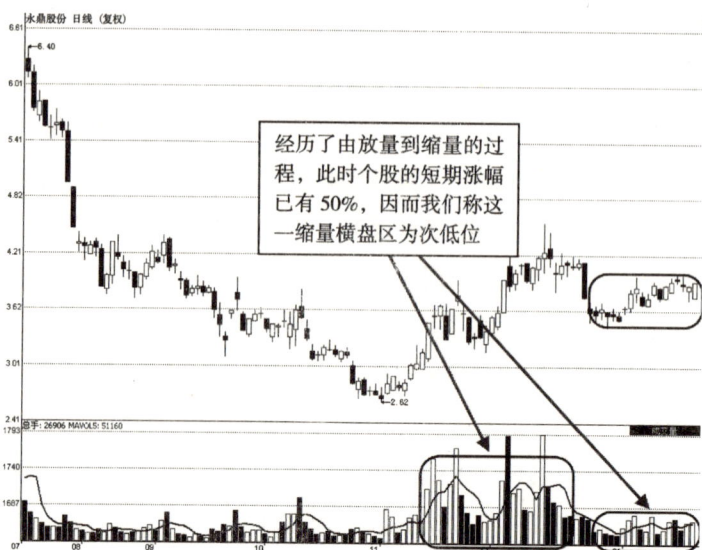

经历了由放量到缩量的过程，此时个股的短期涨幅已有50%，因而我们称这一缩量横盘区为次低位

图 5-1　永鼎股份次低位横盘缩量示意图

运作下，出现了长期稳健的上涨走势，在随后持续的上涨过程中，此股的上升势头明显，其间几乎没有大幅度的回调走势，股价重心呈 45°角逐渐上行，这也充分显示了主力强大的控盘能力，而主力的这种极强的控盘能力早在大幅上涨行情启动之前就已通过"次低位横盘缩量形态"向我们展示出来，只要我们理解了"次低位横盘缩量形态"所蕴含的市场含义，再结合此股的价

图 5-2　永鼎股份次低位横盘缩量后走势图

位区间，是完全可以捕捉到这种黑马股的。

　　图 5-3 为福建水泥（600802）2008 年 5 月 16 日至 2009 年 1 月 23 日期间走势图，此股在大幅下跌后，于低位区首先出现了一波明显的大幅放量上涨走势，股价从最低位的 2.70 元区经这一波反弹上涨到 4.60 元区，短期涨幅巨大，但是个股并没有因短期的强势上涨而出现大幅回调走势，短期大涨走势之后，取而代之的是此股于一波上涨后相对高位区的强势横盘形态，这说明有资金在积极维护此股的股价，而这股资金就是之前此股放量上涨时所介入的资金。如图 5-3 标注所示，此股在经这一波强势上涨后，于次低位出现了强势缩量横盘的走势，这便是主力快速吸筹后的锁仓标志，也是主力积极维护股价的表现，因而，此股的后期走势是值得期待的。

图 5-3　福建水泥次低位横盘缩量示意图

　　图 5-4 为福建水泥次低位横盘缩量后的走势图，此股随后在主力的积极运作下，出现了大幅上涨走势，股价迅速地脱离了次低位横盘区，这也充分显示了主力强大的控盘能力，而主力的这种极强的控盘能力早在大幅上涨行情启动之前就已通过“次低位横盘缩量形态”向我们展示出来。

　　图 5-5 为中铁二局（600528）2011 年 9 月 21 日至 2012 年 5 月 18 日期间走势图，此股的次低位横盘缩量形态也是出现在个股的一波强势上涨之后，其前期的大背景也是个股的深幅下跌。我们可以换个角度想想，若“次

图5-4　福建水泥次低位横盘缩量后走势图

图5-5　中铁二局次低位横盘缩量示意图

低位横盘缩量形态"代表了主力快速吸筹及锁仓的行为，那么，什么样的股价才使得主力更愿意去进行快速的吸筹呢？很明显，只有大幅下跌后的低估价位才具备了吸引主力快速建仓的条件，因此，我们在应用这一招式时，应充分考虑此股的前期走势情况。只有当个股的股价处于相对的低估状态或是经历了大幅下跌的洗礼，而随后又出现了一波的放量上涨形态，此时，我们才能更准确地发掘出那些代表了主力建仓后、锁仓行为的次低位横盘缩量个股。

图 5-6　中铁二局次低位横盘缩量后走势图

　　图 5-6 为中铁二局次低位横盘缩量后的走势图，此股随后在主力的积极运作下，出现了长期稳健的上涨走势，充分显示了主力强大的控盘能力，而主力的这种极强的控盘能力早在大幅上涨行情启动之前就已通过"次低位横盘缩量形态"向我们展示出来，只要我们理解了"次低位横盘缩量形态"所蕴含的市场含义，再结合此股的价位区间，是完全可以捕捉到这种黑马股的。

第四招　小李飞刀，意行刀前
——每笔均量中捕捉翻倍黑马

武林中的高手很多，非比寻常的功夫、招式也不在少数，但真正可以称为绝世武功的却是少之又少，但即使是在这少之又少的绝世武功中，小李飞刀也绝对是首屈一指的，"小李飞刀，刀无虚发"，充分说明了这一绝技在武林中的地位，那么，在股市中，是否也存在这样的绝技呢？依笔者的经验来看，在众多的技术分析方法、层出不穷的招式中，每一种分析方法、每一种招式都或多或少地存在着一定的不足之处，因而，在使用这些招式时，我们还应结合价格运行的大趋势来一并分析，以免失之偏颇；但对于"每笔均量"来说，却是个例外，它就相当于武林中的小李飞刀一般，小李飞刀不常出手，但只要出手必然是刀无虚发，刀未出手但意念先至是其刀无虚发的关键所在。与此相似的是，每笔均量的信号也并不常发出，但只要每笔均量发出了信号，其信号的准确程度往往也是惊人的，价格未见异动而每笔均量却先行于前是其准确超前的关键所在，此时，我们甚至可以不用劳神费力地去分析个股的总体走势，只要顺其信号进行操作即可。在本招式中，我们就来详细地了解一下如何去运用每笔均量捕捉翻倍，甚至是翻数倍的黑马股。

每笔均量也称平均每笔成交量、均笔成交、每笔平均交易数等，要想很好地了解每笔均量，我们应先了解"成交笔数"的概念，成交笔数是指通过行情系统接收到的成交次数，投资者在挂买单或卖单时，对于投资者本人来说，无论这一挂单含有多少手（1手=100股），如果其成交，则每一个挂单就是一笔，但在统计时，还要视对方是不是一个挂单将其承接过来，比如，投资者A挂出了一个100手的卖单，但是100手的卖单是由3个买家的3张买单将其承接过来的，此时我们就说，这100手的卖单产生了3笔交易，即成交笔数为3。如果买方或卖方的单子突然变大，而另一方的单子大小不变，则成交笔数会相应变大；每笔均量＝个股某段时间内的总成交量/相应时间段的总成交笔数。可以说，每笔均量是市场每笔成交的水平，而成交量则仅仅反映了整个市场的交易量的水平，它们是两个完全不同的概念。在理解每笔均量时，投资者应注意它与成交量这一概念的区别。

　　成交量与换手率这两个数据可以让我们了解到个股的交投情况及资金的总体流入、流出速度。但是，仅仅通过成交量大小的变化，我们难以判断个股是处于资金流入状态，还是处于资金流出状态。流入的资金是主力资金居多，还是散户资金居多。而且，即使有主力资金在加速流入一只个股，它的量能也未必呈现出明显的异动，所以，仅凭成交量形态去捕捉黑马个股对我们的技术分析能力是要求极高的。但是，每笔均量却不同，投资者只需了解它的几种常见形态即可以准确地提前捕捉到即将飙升的个股。

　　每笔均量的原理很简单，因为主力持有的资金数量庞大，因而在进行买卖操作，特别是在进行买入行为时，几乎不可能像散户一样进行小额的买进，而且个股在启动前，主力的吸筹时间往往并不是很充分，在大盘走势较好时，主力若不能快速地进行建仓操作并借大盘之势来完成控盘，则其大幅获利出局的概率就要明显降低，因而，黑马股在启动前，我们往往可以看到主力资金的大力度介入，但这种大力度介入的盘面形态往往既不体现在K线图中，也不体现在成交量的异动上，因为这两项数据若出现明显的异动，往往会引起市场的高度关注，这对主力完成拉升是极为不利的。此时，我们就可以将目光的重点放在每笔均量这一数值的变化上。

　　每笔均量直接显示出某股的交投活跃程度和大资金进出的力度大小，若某只股票一段时间内在同一股价区间成交量没有明显的变化、价格走势也是波澜不惊，但每笔交易数却发生较为显著的变化，这多意味着个股背后的主力已有所行动，若个股此时处于相对的低位区或是低位横盘震荡区，则每笔均量的快速攀升往往就是主力在个股启动前的最后加仓信号。下面我们结合实例来了解如何从每笔均量中发现个股异动，并在黑马个股启动前成功将其捕捉。

　　图6-1为北方国际（000065）2008年2月19日至10月31日期间走势图，此股在深幅下跌后，于低位止跌横盘震荡区出现了每笔均量大幅攀升的形态。值得注意的是，如果我们仅从此股的K线走势及量能变化来着手分析

的话，是难以看出此股有什么不同之处的，因为深幅下跌后的止跌企稳形态
最多只能说明个股走势的见底，并不代表随后将出现翻倍的上涨行情，考虑
到此股的前期深幅下跌，我们有理由认为这种每笔均量大幅攀升的形态是主
力资金吸筹的迹象，此时，我们可以再结合大盘的走势来进一步分析。

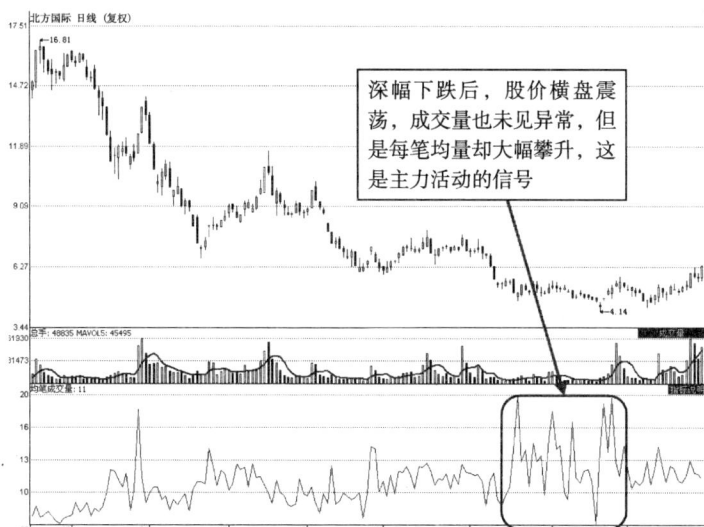

图 6-1 北方国际深跌后每笔均量示意图

图 6-2 为上证指数 2008 年 2 月 5 日至 10 月 31 日期间走势图，大盘指
数在 2008 年 10 月 31 日之前出现了再创新低的走势，虽然相对前期最低点
来说，此时的幅度并不是很大，但是如果我们对比图 6-1 中北方国际在 2008
年 10 月 31 日之前一段时间的走势就可以看到，此股呈现出了逆市上扬的特
征，这也从另外一个侧面验证了此股之前的每笔均量大幅异动是主力大力介
入的迹象。但由于此时的主力吸筹过程并不充分（即在底部区并没有明显的
放量吸筹过程），因此，我们可以预计的是，虽然此股随后会在主力的吸筹
下出现一定的上涨，但是不会马上进入到主力的拉升阶段。

图 6-3 为北方国际每笔均量异动后走势图，此股在随后走出了一段放量
缓慢上涨的形态，这是主力大力吸筹的表现，当主力吸筹完毕后，此股还出
现了一个次低位横盘缩量的形态，随后在主力的大力拉升下，出现了累计涨
幅达 4 倍之多的黑马行情。可以说，在底部区间出现的这种每笔均量大幅异
动的个股，其后期的涨幅、涨势往往是极为惊人的，这也是为什么我们用

图 6-2　上证指数 2008 年 10 月 31 日前走势图

图 6-3　北方国际每笔均量异动后走势图

"小李飞刀，刀无虚发"这种数一数二的绝技来指代此招式的原因所在。

每笔均量的准确性不仅体现在中小盘个股身上，在大盘股身上也同样
适用。

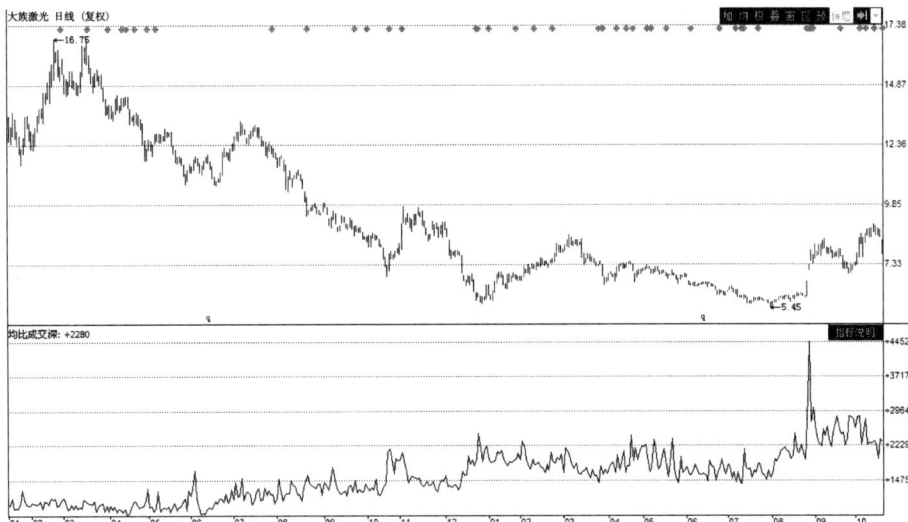

图6-4　大族激光深跌后每笔均量异动示意图

图6-4为大族激光（002008）2011年1月到2012年10月期间走势图。此股在深幅下跌后于低位区出现了长时间的横盘震荡走势，如图标注所示，此股在横盘震荡的后半段其每笔均量出现了明显的攀升，这说明机构对于此股的买入力度开始加大，也往往预示着个股将要脱离横盘区而出现上涨走势。

图6-5　大族激光每笔均量异动后走势图

图6-5为大族激光每笔均量异动后走势图，此股随后出现了一波幅度近

50%的上涨行情，对于一只极大的盘股来说，这种涨势是较为惊人的，而每笔均量的异动却已提前预示了此股的上涨走势，因而，我们可以毫不夸张地说，每笔均量的准确性不仅适用于那些单个主力控盘的中小盘个股，也同样适用于那些众多机构、基金资金入驻的超级大盘股。每笔均量是一个提前反映主力意图、机构意图的窗口。

通过对北方国际与工商银行这两个实例的讲解，我们可以把此情形下的每笔均量异动总结如下：在个股经过深幅下跌后，若止跌企稳走势与每笔均量大幅攀升形态同时出现，且在这段时间里成交量没有出现大幅增加的现象，则表明该股开始有大资金关注；若每笔均量可以在数个交易日内呈现出一种明显放大的状态而同期股价却并未出现较明显地上升，则说明大资金正在默默吸纳该股。此时，我们可以重点关注此股随后是否有主力放量吸筹的迹象（因为在深幅下跌之后，主力的吸筹要有一个过程来实现），一旦发现有这种迹象，应予以特别地关注并及时介入。

图6-6为安徽水利（600502）2008年12月5日至2009年6月29日期间走势图，此股在此期间处于稳健的上升通道中，但股价的上升速度相对较为缓慢。由于此股前期并没有出现长时间的底部放量震荡形态，因此，如果有主力入驻此股，那么它的建仓阶段就是此股在此的缓慢攀升阶段。但此股

图6-6　安徽水利上升途中横盘每笔均量异动示意图

是否有主力介入？主力介入力度如何？主力是否会在后期强势拉升此股？对于这些问题，此时我们不得而知。但是这种未知的情况随着每笔均量的大幅攀升出现，我们便可明了。如图 6-6 标注所示，我们可以看到在此股持续缓慢攀升后的横盘期间，每笔均量出现了大幅攀升的迹象，此时量能与股价均未出现明显的异动。前面我们分析过，这多意味着个股背后的主力已有所行动，若个股此时处于相对的低位区或是低位横盘震荡区，则每笔均量的快速攀升往往就是主力在个股启动前的最后加仓信号，也是个股即将大幅启动的信号。

　　图 6-7 为安徽水利上升途中横盘每笔均量异动后的走势图，此股在每笔均量大幅攀升后，很快就出现了暴涨走势，而每笔均量的异动已提前体现了个股将要出现的大幅上涨走势，而且每笔均量的大幅异动往往也说明介入此股的主力是一个强控盘主力。这在我们之前的分析中就可以看出，只有强控盘主力才更有可能在股价、量能均不出现明显变化的情况下，让每笔均量实现大幅攀升。主力在大幅拉升前之所以会动用大笔的单子去进行买卖操作，往往是基于以下三点：一是对个股的抛压及跟风情况进行试盘；二是大幅拉升前对相关利益体实施利益输送；三是进行拉升前的最后加仓操作。可以说，每笔均量的大幅异动反映了主力急切的心态，也反映了主力的强控盘能力。因此，它是我们捕捉翻倍黑马甚至是多倍黑马的重要招式。

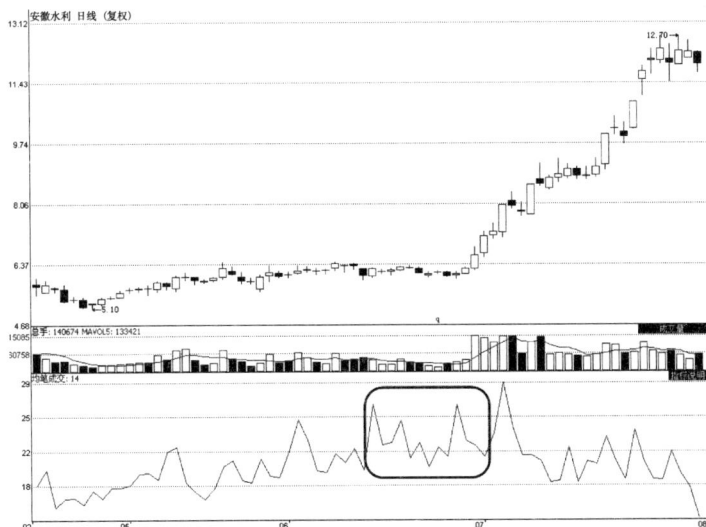

图 6-7　安徽水利每笔均量异动后走势图

图 6-8 为莲花味精（600186）2008 年 11 月 25 日至 2009 年 11 月 12 日期间走势图，此股在此期间处于稳健的上升通道中，股价的上升速度相对较为缓慢，我们可以看到在此股持续缓慢攀升后的横盘期间，每笔均量出现了大幅攀升的迹象，此时量能与股价均未出现明显的异动，前面我们分析过，这多意味个股背后的主力已有所行动，若个股此时处于相对的低位区或低位横盘震荡区，则每笔均量的快速攀升往往就是主力在个股启动前的最后加仓信号，也是个股即将大幅启动的信号。

图 6-8　莲花味精上升途中横盘每笔均量异动示意图

图 6-9 为莲花味精上升途中横盘每笔均量异动后的走势图，此股在每笔均量大幅攀升后，很快就出现了暴涨走势，而每笔均量的异动已提前体现了个股将要出现的大幅上涨走势，而且每笔均量的大幅异动往往也说明介入此股的主力是一个强控盘主力，这在我们之前的分析中就可以看出，只有强控盘主力才更有可能在股价、量能均不出现明显变化的情况下，让每笔均量实现大幅攀升。可以说，每笔均量的大幅异动反映了主力急切的心态，也反映了主力的强控盘能力，因此，它是我们捕捉翻倍黑马甚至是多倍黑马的重要招式。

图 6-10 为金种子酒（600199）2008 年 5 月 27 日至 2009 年 5 月 12 日期间走势图，此股在深幅下跌后，出现了止跌回升、逐步攀升的形态，由于这

图6-9　莲花味精每笔均量异动后走势图

种回暖的走势有大盘同步止跌回升为背景，因此，仅从K线图及量能的形态我们难以判断出是否有主力加仓介入，但是每笔均量的异动却给了我们答案。如图6-10中标注所示，在此股止跌回升的走势中，每笔均量多次出现连续大幅放出的形态，且在每笔均量大幅放出的同时，此股成交量也出现了明显的放大且价格伴以上涨形态，再结合此股目前所处的位置区间，我们可

图6-10　金种子酒上升途中每笔均量异动示意图

以较有把握地认定这既是主力大力建仓的标志，也是主力持续大力介入的信号，它预示着个股随后的上涨空间应远远强于大盘。

图6-11为金种子酒上升途中每笔均量异动后走势图，此股在每笔均量大幅攀升后，股价在主力的控盘下出现了惊人的上涨，其累计涨幅相对于最低点来说，达到了8倍之巨。通过对此例的分析，我们也可以初步找到捕捉中长线强庄股入驻个股的标志，这就是起涨初期股价的缓慢上涨、每笔均量多次出现大幅攀升、成交量明显放出的形态，这彰显了入驻此股的是进行中长线运作的强庄股，这种股也许不会出现像题材股那样的短期暴涨走势，但是其中长线的累计涨幅却是极为惊人的。可以说，每笔均量的大幅异动反映了主力不断大幅建仓个股，也反映了主力的强控盘能力，因此，它是我们捕捉翻倍黑马，甚至是多倍黑马的重要招式。

图6-11　金种子酒每笔均量异动后走势图

每笔均量的变化形态既是我们在低位区捕捉翻倍黑马的重要手段，也是我们检验个股走势是否见顶的重要手段。此外，每笔均量的异动还可以让我们检验此股中的主力是否仍然驻留其中。主力在大仓位地介入个股后，无论股价是继续横盘还是呈现慢牛式地爬升，主力为了控盘的需要往往会大手笔地进行对倒操作，对倒时，个股未必会出现量能的明显异动，其K线形态单从日K线图中往往也很难发现踪迹。此时，我们可以从每笔均量异动入手，只要个股在上升途中或大幅上涨后仍不时地出现每笔均量异动形态，就说明主力出货仍未完成，主力仍然驻留其中。特别是在交投较为冷清的市道中，主力为引起散户注意，往往还会用对倒来制造一定的成交假象，甚至有时还不惜用对倒来打压震仓，此时，每笔平均交易数应仍维持在一个相对较高的水平。此时，对于持股者来说，就仍然可以继续持有，但对于场外投资者来说，则应在追高时注意对高位区风险的规避。

通过对每笔均量的研究，我们发现，个股在大幅上涨途中，每笔均量往往会呈现下跌形态，这与主力的强控盘能力有关，同时也说明了主力在上升途中并没有进行大量的加仓行为，但此时我们不必因每笔均量的下降就盲目地抛出个股，因为，这种每笔均量下降的势头可能会维持相当长的时间，而在这段时间内，此股很有可能在主力的运作下出现大幅上涨走势，若我们过早地抛出，则很难实现利润的最大化。此时我们可以等到此股在高位区出现较长时间的震荡滞涨走势，且同期的每笔均量又维持在一个较低的水平上时，这种形态说明主力可能要派发离场了。主力在派发阶段之所以出现这种每笔均量大幅下降的形态与绝大多数主力采用小单出货的手法有关，而在建仓阶段则刚好相反，主力在建仓时多采用大单买入的方式，因而，当个股在高位区出现这种横盘震荡滞涨且每笔均量大幅下降的形态时，我们就可以获利抛出了。

图 6-12 为华天酒店（000428）2013 年 11 月至 2013 年 6 月期间走势图，此股在深幅下跌后出现了每笔均量大幅攀升且股价止跌回升的形态，这是主力强力入驻个股、翻倍黑马即将形成的信号。图 6-13 为此股低位区每笔均量大幅异动后的走势图，此股在长期大幅上涨的过程中，每笔均量出现了逐步走低的形态，但是股价却并没有在上升途中出现较长时间的横盘滞涨形态。因此，如果我们已提前布局此股，就没有必要过早地抛出，而应耐心等待顶部的出现及此股发出了明确趋势反转信号为止，这样才可以让我们的利润实现最大化。

图 6-14 为华夏幸福（600340）2013 年 3 月 6 日至 12 月 10 日期间走势图，此股在深幅下跌后出现了每笔均量大幅攀升且股价止跌回升的形态，这是主力强力入驻个股、翻倍黑马即将形成的信号。图 6-15 为此股低位区每笔均量大幅异动后的走势图，此股在长期大幅上涨的过程中，每笔均量出现

图 6-12　华天酒店次低位横盘缩量后走势图

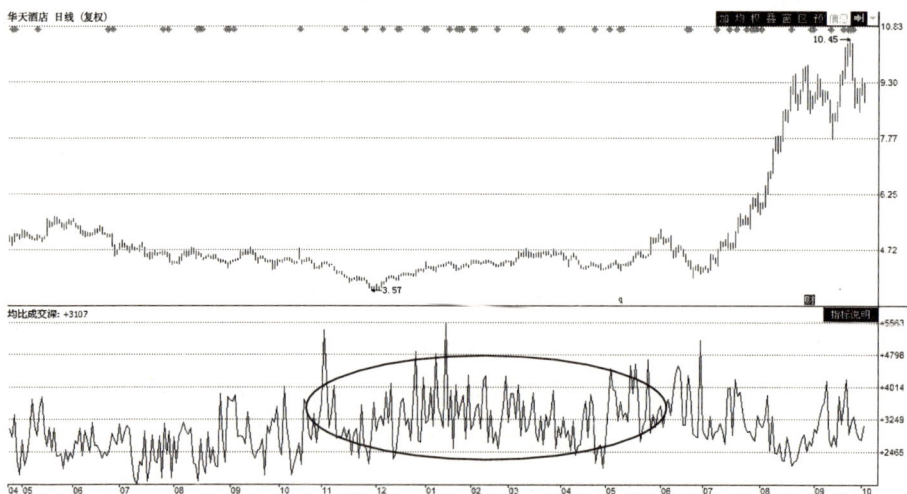

图 6-13　华天酒店深跌后每笔均量异动后走势图

了逐步走低的形态，但是股价却并没有在上升途中出现较长时间的横盘滞涨形态，因此，如果我们已提前布局此股，就没有必要过早地抛出，而应耐心等待顶部的出现及此股发出了明确趋势反转信号为止。

如图 6-15 标注所示，在长期的大涨后，此股出现了长时间的滞涨横盘走势，且每笔均量呈快速下降势头，这种形态预示着个股的上涨走势很可能正在悄然发生转变，它是主力出货的标志，也是我们获利平仓的信号。

图6-14　华夏幸福深跌后每笔均量异动示意图

图6-15　华夏幸福大涨后每笔均量快速变小示意图

第五招　养精蓄锐，厚积薄发
——破增发中捕捉翻倍黑马

　　定向增发也称为非公开发行，即向特定投资者非公开发行股票而进行募集资金的手段，其募集的资金主要用在上市公司收购、合并及资产重组等重大行为中，一般来说，我们可以把定向增发看作是上市公司的资产注入行为。资产注入事项往往出现于以下两种情况中：一是上市公司的控股股东把自家的优质的资产注入到上市公司里面去，以有效改善上市公司的资产质量，进而提高上市公司的盈利能力与股价，从而达到控股股东与中小股东"双赢"的目的，此时，上市公司定向增发的对象是其控股股东；二是上市公司吸收合并其他的优质资产，此时定向增发的对象主要是上市公司引入的战略投资者，一般来说以机构投资者居多，引入战略性的机构投资者可以为公司的长期发展打下坚实的基础。由于在定向增发时所注入的资产多是盈利能力较强、质量较高、与上市公司业务关联较为密切的优质资产，因此对上市公司的未来发展及业绩增长都会起到极好的促进作用，上市公司在进行资产注入之后，可以实现优化资源配置、盘活存量资源、优化股权结构、调整产业结构、提高上市公司质量、完善内部治理机制等目标，重大的资产注入行为往往会使上市公司发生脱胎换骨的转变，这也是为什么个股在公布定向增发方案后，往往都会出现不错的上涨的原因所在。

　　此外，定向增发还有一个最大的好处，就是其改变了以往增发或配股所带来的对二级市场"抽血"过多的不利局限，不会造成二级市场中的资金面压力，更不会改变二级市场存量资金格局，而且定向增发的价格与二级市场中的股价也往往较为接近，这也有利于增加二级市场投资者的持股信心。

　　通过以上的分析，我们可以发现，定向增发的好处多多，但是定向增发并不等于说此股的下跌空间已封死，当主力资金在定向增发前并没有重仓布局或是个股在定向增发之时恰逢大盘暴跌而使得其股价接近增发价甚至是跌破增发价时，这会使得参与上市公司定向增发的主力资金（机构投资者或上市公司的大股东）处于不利局面，因而，当时机合适时，这些主力资金就会全力拉抬此股，会尽量让二级市场中的股价远离定向增发价。理解了这一原理，我们就可以从中找出机会，并发掘出后市潜力巨大的个股，甚至是翻倍的黑马股。下面我们结合实例来看看如何应用这种方法去捕捉翻倍黑马。

图7-1为南钢股份（600282）2008年11月25日至2009年6月4日期间走势图，此股在此期间处于底部反转走势后的缓慢攀升之中，如图标注所示，此股在2009年4月16日出现了一个强势的放量涨停形态，这一形态的出现说明此股有主力资金活跃其中，考虑到此股的累计涨幅较小，我们可以认为这是主力拉升建仓的标志。随后此股于2009年4月21日因重大事项开始停牌，直至2009年5月26日才复牌交易并发布重大事项公告："南钢股份：拟以4.23元/股向南京钢联增发20亿股，收购南钢发展100%股权，本次的发行价格原则上为定价基准日前20个交易日的公司股票交易均价（即4.23元/股）；本次交易完成后，南钢发展将成为南钢股份的下属全资子公司，通过整合原南钢联合旗下钢铁主业运营体系，南钢股份将在采购、生产、销售等多个环节实现更高效率的运营。本次交易完成后，南钢股份将拥

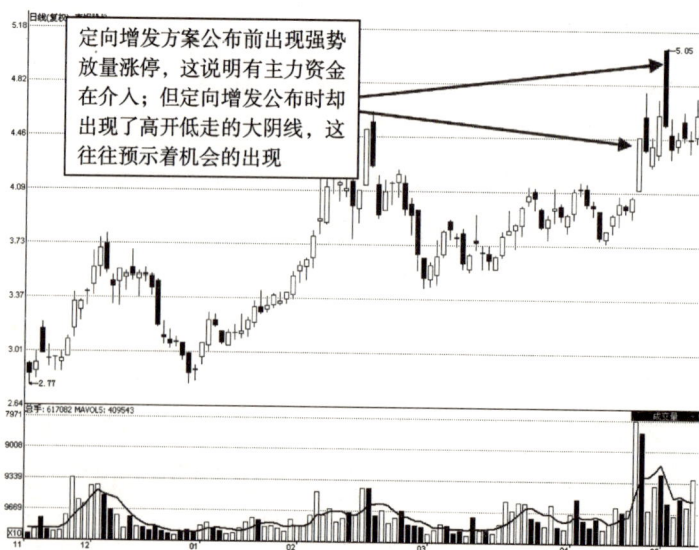

图7-1 南钢股份2008年11月25日至2009年6月4日期间走势图

有原南钢联合所有产品类型，即板、线、棒、带、型材五大类，近 300 个钢种、一万余个品种规格的产品系列，产品结构的多元化有利于在分散经营风险的同时获得多个利润增长点。"

考虑到南钢股份的总股本仅为 16 亿股，而这次定向增发的股票数量却是 20 亿股，因此，我们可以说这对上市公司无疑是一个极为重大的事件，而且是属于上市公司重大利好消息一类，但由于同期钢铁股在市场中备受冷落，这一较为重大的利好并没有引发市场投资者的做多热情、主力也没有顺势做多。此股在 2009 年 5 月 26 日公布消息后，当日出现了高开低走的大阴线，随后几日在定向增发价位附近处做小幅震荡整理走势，这时就是我们介入此股的最佳时机。之所以说这是最佳介入时机，是基于以下三个方面的考虑：一是二级市场的股价离定向增发价非常接近，有上市公司大股东的强力支撑，此股的股价是很难跌破定向增发价的；二是当时的市场环境处于回暖上升的走势中，而且整个钢铁板块处于相对滞涨状态，有强烈的补涨需求；三是此股在停牌前出现了明显的放量涨停走势，这明显是先知先觉的主力资金提前布局的表现，但由于此股的盘子较大，因而快速介入的主力不见得已有良好的控盘能力，但有一点可以肯定的是，此股既然有主力入驻，而且有利好支撑，那么它的后期走势是令人值得期待的。

图 7-2 为南钢股份定向增发后走势图，此股在经历了 2009 年 5 月 26 日的高开低走及随后的窄幅横盘震荡之后，就开始步入到了上升通道之中，短期的上涨幅度接近翻倍，这就是定向增发利好消息下带给我们的捕捉翻倍黑马的机会。在应用"破增发中捕捉翻倍黑马"这一招式时，投资者一定要注意结合股价的实际走势及当时的市场情况来判定，只有当二级场中的股价接近或已跌破定向增发价时，我们才可以择机介入。

图 7-3 为营口港（600317）2007 年 1 月 10 日至 2007 年 10 月 9 日期间走势图，此股在经历了 2007 年的大涨之后，于高位区因公布定向增发方案而出现了连续三个涨停板的走势。此股于 2007 年 8 月 20 日公布定向增发方案："营口港：对港务集团定向增发 2 亿 A 股及支付现金 28.9 亿元购买其 7 个泊位，公司董事会决议采取向港务集团定向发行股份与支付现金相结合的方式，购买其在鲅鱼圈港区 16 号、17 号、22 号、46 号、47 号、52 号、53 号共计 7 个泊位的资产和业务。股份发行价格为本次董事会临时停牌公告日

2009 年 5 月 26 日

图 7-2　南钢股份定向增发后走势图

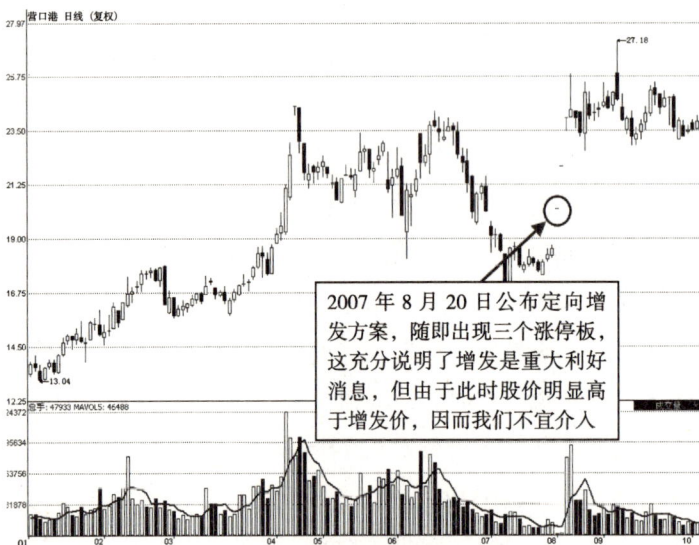

2007 年 8 月 20 日公布定向增发方案，随即出现三个涨停板，这充分说明了增发是重大利好消息，但由于此时股价明显高于增发价，因而我们不宜介入

图 7-3　营口港定向增发示意图

（2007 年 7 月 20 日）前 20 日公司股票均价 14.55 元，即向港务集团定向发行 20000 万股，其余购买资产价款约 289348 万元以现金支付。"

本次收购项目有较好的盈利能力，推动公司吞吐量、营业收入不断增长，利润水平也将逐年提高。公司本次发行后将不会摊薄发行前每股收益，且每股收益将呈逐年递增态势。根据预测，本次资产购买完成后，吞吐量和营业收入 2008 年将比 2007 年有超过 50% 以上的增长，并且随着购买资产的整合，公司的生产能力会有一个迅速的提高，公司的盈利能力会得到极大增强，主营业务收入和净利润会有进一步地提升。预计 2008 年公司净利润水平将比 2007 年公司购买资产前增加 1 亿元以上，每股收益可达 0.56 元。本次资产购买不仅减少了公司与港务集团的关联交易，有效地避免同业竞争，提高了公司独立经营能力，而且随着公司资产规模的扩张，对泊位资源的整合，公司吞吐能力将得到进一步提高，公司的主要货种铁矿石业务将得到巩固和发展，集装箱和油品业务将得到快速发展，公司的持续经营能力将得到进一步增强。可以说，从公司的公开消息及股价的二级市场表现来看，这一定向增发属于重大的利好消息，但由于连续涨停后股价已到了 23 元附近，明显要高于 14.55 元的定向增发价，且此股前期累计涨幅巨大，因此我们是不宜在此追高买入的。

　　图 7-4 为营口港 2007 年 6 月 7 日至 2009 年 2 月 4 日期间走势图，此股在定向增发后受大盘暴跌的带动而出现了一路暴跌的走势。图 7-5 为上证指数 2007 年 10 月 26 日至 2009 年 2 月 4 日期间走势图，大盘在此期间处于暴跌走势中，这种暴跌走势一直持续到 2008 年 10 月才出现了止跌企稳的迹象。在大盘暴跌的走势中，我们不可以盲目抄底，此时无论对于主力来说，还是对于机构资金来说，一般都不会选择去与市场相抗衡的，因此，我们应耐心等待市场见底。如图 7-4 标注所示，大盘的暴跌走势使得此股的价位明显低于增发价，此时在大盘回暖且个股走势止跌企稳时就是我们布局翻倍黑马的好时机。

　　图 7-5 为此股止跌企稳后的走势图（2008 年 10 月 24 日至 2009 年 9 月 3 日），如图标注所示，深幅下跌之后的止跌企稳区间，且股价明显低于定向增发价时，就是我们布局此翻倍黑马股的好时机。因为这时的股价使得上市公司的大股东处于被套状态，这对于大股东来说是极为不利的，虽然上市公司的大股东手中持有的是限售股，有一个较长的锁定期限，但是，当市场回暖时如果主力不大力运作此股从而使得其股价脱离定向增发价，那么，当主力的解禁期限到来时，上市公司大股东将面临着极为不利的局面。因此，在这种情况下，大股东会有较强烈的运作股价的意图，这也是保证此股可以成

为翻倍黑马的原因所在。

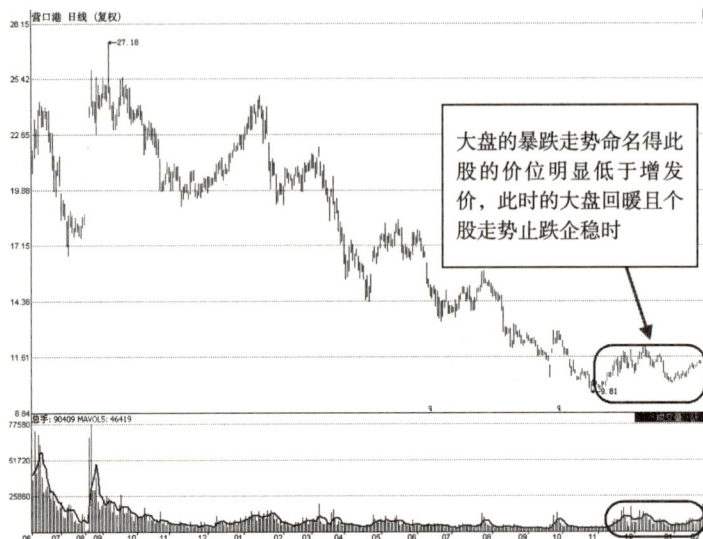

图 7-4　营口港定向增发后走势图

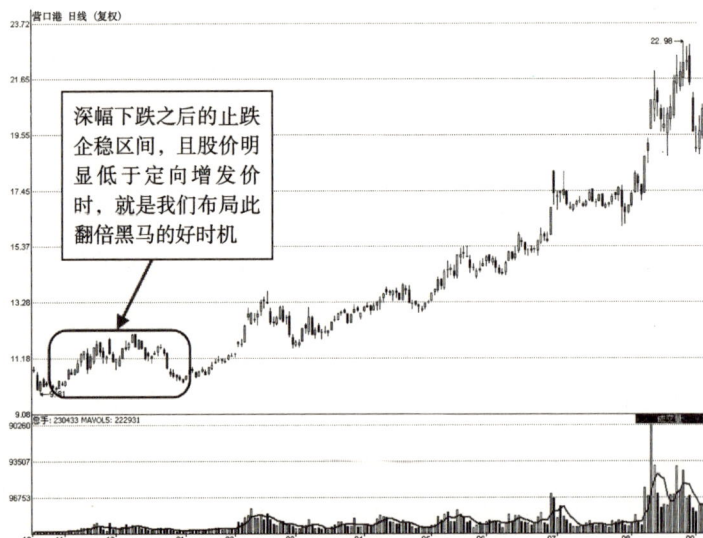

图 7-5　营口港止跌企稳后走势图

第六招　紫霞剑气，纵横四方
——热点题材中捕捉翻倍黑马之一

　　题材股就如紫霞仙子舞出的剑招一般，不仅灵动优美而且道行力度也是不可小觑的，它迷人，充满想象力，且短期爆发力也极为惊人。与绩优股、大盘股不同的是，题材股不仅是牛市中主力重点炒作的对象，甚至在跌势漫无边际的熊市中，题材股依然可以受到主力及散户投资者的热捧，成为逆市闪耀的明星，可谓是"题材一出，纵横四方"。那么，什么是题材股？题材股有哪些类型？主力又是如何炒作题材股的呢？下面我们就来一一解答这些问题，力求读者在学过本招式后，可以成功地运用题材股招式去捕捉黑马股，特别是短期暴涨的黑马股。

　　所谓"题材"在《辞海》中是这样解释的："题材是文艺作品的内容要素之一，是作品中具体描写的、体现主题思想的一定社会、历史或生活现象。它来源于社会生活，是作者对生活素材经过选择、集中、提炼、加工而成的。作者选择什么题材，如何处理题材，取决于他们的创作意图和所要表现的主题。当然它也受到作者的立场、观点和社会实践的制约"。对于以上解释，我们可以用一句话将其概括为："题材就是创作的素材，也就是创作对象。"题材一词源于文学创作，同样，在股市中也存着题材，不同的是，文学中的题材是指可供作者写作之用的主题与材料，而股市之中题材则是可供主力炒作之用的主题与材料。当主力炒作某只个股时，主力往往会为这只个股的大幅上涨寻找理由，题材的作用在于号召市场资金转向某一热点，对于那些以短期暴涨形态呈现在市场投资者面前的黑马股来说，它们无不具有火爆性题材。一般来说，只有当个股的题材与市场热点形成共振时，主力借机炒作才可以达到最好的效果。例如，当国家出台政策鼓励新能源产业发展时，一些具备新能源题材的股票就会获得主力资金的青睐而大幅上涨；当人们社会生活中所关注的重大事件发生时，这些题材股往往也可以得到主力资金的大肆炒作。申奥成功产生了一批奥运题材股、六十周年国庆产生一批国庆题材股、"甲流"疫情产生了一批甲流题材股等，此外，还有很多其他类型的题材成为主力关注的重点。在了解了什么是题材股后，我们还应注意要将个股的题材性与主力的炒作行为相结合，因为一些看似平淡无奇的题材只要得到主力的认可并加以炒作，就会成为市场热点，而一些看似相当不错的题材若得不到主力的炒作，其股价走势也只能是平淡无奇。

我们已经知道了什么是题材股，对于中长线投资者来说，题材股的暴涨似乎很难理解，而且对于主力为何要炒作题材股也常常看不懂。其实，主力炒作题材股自有其充分的理由：一是题材股的题材性可以有效地制造投资者的想象空间，我们知道股市最大的魅力就在于其预期性、在于其未来的不确定性，而且很多散户投资者甚至是机构投资者都是以这种预期性的思维方式在进行操作，题材股的题材正好符合这一条件，它的火爆题材往往可以充分打开市场的遐想空间，因而题材股可以有效地号召市场资金转向这一热点；二是主力借题材股所具备的热点功能可以很好地让市场出现追涨情绪，这有利于主力完成大幅拉升及后期的出货行为，这一追涨情绪源于股市中的"羊群效应"，题材若在主力的推动下实现了大幅上涨，当市场看到"热点题材"已演变成了股价的强势上涨时，很多资金就会不顾一切地扑入其中，这是所谓的"羊群效应"；三是有的时候，题材股的题材也可以转变成实实在在的业绩增厚，而业绩则是股市中的永恒旋律。因此，我们可以说，炒作题材也是炒作"预期业绩"。通过上面的分析，我们就可以很好地理解主力为何要炒作题材股了，也可以很好地理解题材股为何可以在短时间内实现翻倍上涨了。那么，在题材股的整个炒作过程中，主力又是如何实施操作过程的呢？下面我们先来看看主力炒作题材的过程如何，然后再结合实例来详细地分析一下国内股市中都有哪些题材是主力经常炒作的对象。

要想把握题材股的走势，我们一定要了解主力炒作题材股的过程。依笔者经验来说，我们可以把主力炒作题材股的过程分为挖掘题材、快速建仓及拉升个股、借助舆论造势、高位震荡出货这四个阶段。

我们先来看看主力对于题材股的挖掘：好的题材要获得市场的认可才行，只有当这一题材可以有效地配合市场热点时，我们才可以说这一题材是好的题材。

　　一些题材由于国内股市特有的历史底蕴而受到主力关注，如高送转题材；也有一些题材是因为与国内外的重大事件相关而受到主力关注，如创投题材、国庆题材、申奥题材等；还有一些题材处于朝阳行业、受益于政策扶持而受到主力关注。题材的种类多种多样，但只要可以获得市场的关注、吸引资金流入就可以称为好的题材。主力在挖掘题材时，一般遵循两种方式：一是利用自身特有信息优势，抢在市场前头提前挖掘出题材，如高送转题材、业绩预增题材、资产重组题材等；二是利用公开消息进行挖掘，这些公开消息既有上市公司的公开消息，也有相关政策面的消息，当相关产业扶持政策出台后，能否在第一时间内挖掘出与此消息有直接关联或间接关联的个股就有赖于主力对个股的了解程度了。

　　主力在挖掘题材股后，对应的就是建仓和拉升题材股。我们之所以把建仓与拉升放到一个步骤中，是因为大多数题材股都是以短线主力建仓、拉升一体化的方式呈现的。对于一少部分题材来说，主力可以在低位区慢慢吸筹，但是对于绝大多数题材来说，在时间上并不允许主力缓慢吸筹，此时，主力就会采用快速拉升的建仓方式。快速建仓的最大特点就是题材股在相对低位区突然快速启动，同时成交量急速放出，可以说，题材股在启动之初就很好地吸引了市场的目光，这为主力后期继续强势拉升打下了很好的基础。随后在主力的带动及场外资金的追捧下，主力在建仓后往往会借这一良好的追涨氛围完成大幅拉升的行为，此时，股价以火箭式的势头向上冲去，而且经常是以连续的涨停板形式出现。这种上涨方式也是题材股与其他个股最大的不同点，当突然出现一个凌厉的上涨的个股，而且又有"确切的题材"或"朦胧的题材"支撑并可以很好地解释此股的上涨时，这一题材就很容易受到市场投资者特别是短线资金的追捧，从而出现短期火箭式上涨甚至是翻倍的行情。

　　传媒造势往往也是主力炒作题材股过程中经常出现的一个环节。股价的上涨自然吸引舆论的关注，而传媒的关注又促使更多的投资者加入到此股的买卖之中来，这种循环作用促使股价越涨越高，但是，在关注传媒、股评等对于此股的推荐时，我们也要注意股价的走势，因为传媒在点评个股的时候都是以股价的走势为依据的，当个股纳入媒体视野的时候，往往也是它已出现了明显暴涨的时候，具有一定的滞后性。当股价经短期大幅飙升之后，传媒仍然强力推荐此股，评述此股会二次冲高或再上一层时，若股价此时出现滞涨形态，我们就要留意此股的上涨走势可能已经结束，而主力也有意出货了。

对于任何主力而言，出货都是其控盘的最后一个环节。当股价经过短短数个交易日或数十个交易日就出现如此之大的涨幅后，而股价又呈现出滞涨形态，相信更多的投资者不会介入，此时，主力为了完成出货行为，就要让股价在高位区尽可能做长时间的停留，从而麻痹投资者高位风险的意识。若此时大盘处于上升走势中，大盘指数的上涨正好可以掩护主力的高位出货行为，此时，我们会看到大盘持续上涨，而大幅上涨后的题材股却是呈现横盘震荡走势，高位横盘的时间长短既与主力的出货程度有关，也与同期的大盘运行情况有关，一旦主力出货大功告成，题材股的高位盘整走势就会被打破，转而步入下跌走势。

图 8-1 为莱茵生物（002166）2008 年 12 月 9 日至 2009 年 5 月 15 日期间走势图，此股在横盘震荡之后出现短期强势上涨的走势，股价在主力的炒作下连续出现涨停板，短期内实现了翻倍走势，此股出现这种暴涨的原因正是源于此股的"甲流感"题材，可以说，这种题材属于社会重大事件所引发

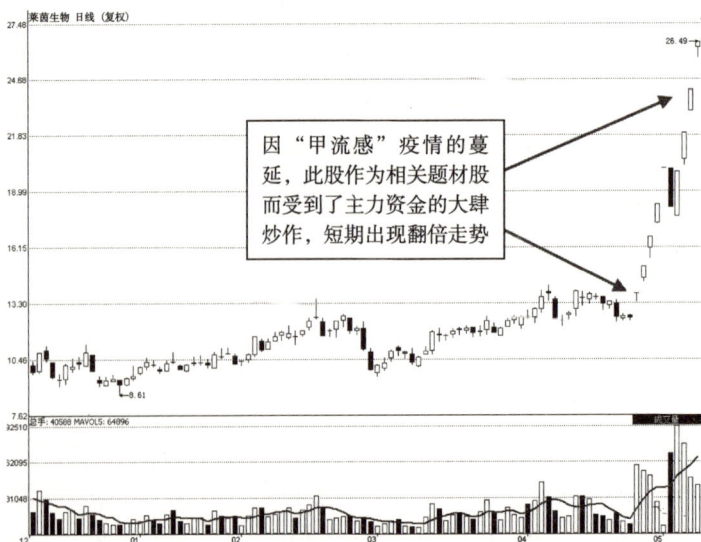

图 8-1　莱茵生物"甲流感"题材走势图

的市场热点题材。股市并不是一个孤立的市场，社会生活中的一些重大事件往往会使得与这些事件相关的个股受到市场关注，它们在主力资金的借机炒作下往往就演变成了热点题材股。

资料显示，莱茵生物主营业务为罗汉果甜甙、原花青素、花色甙、枸杞多糖等植物功能成分的高纯度单体和标准化提取物的生产。今年上半年，甲型流感暴发以来，受益甲型 H1N1 流感疫苗题材，莱茵生物因提供甲型 H1N1 流感疫苗的原料莽草酸而成为主力资金爆炒对象。当股价经盘整后以涨停板方式启动，在短期内就出现股价翻倍的走势，其涨势之凌厉、涨幅之大即使在各式各样的题材股中也并不常见。从此股后期所发布的业绩公告中，我们可以看到甲流感疫情并没有给上市公司带来多少业绩增长，这也从另一个角度说明了，主力炒作题材股其实并不是炒作这一题材能够促使上市公司出现多大的基本面改善，这种炒作与其说是炒作"预期业绩"，还不如说是炒作"市场热情"。

图 8-2 为莱茵生物 2009 年 3 月 27 日至 2009 年 7 月 20 日期间走势图，此股在 2009 年 5 月 15 日之前出现了已翻 1 倍的情况，在 2009 年 5 月 15 日后又出现了快速上涨翻倍的走势，题材股所带来的短期暴利由此可见一斑，这也是为什么更多的散户投资者醉心于发掘短线黑马的原因所在，笔者希望

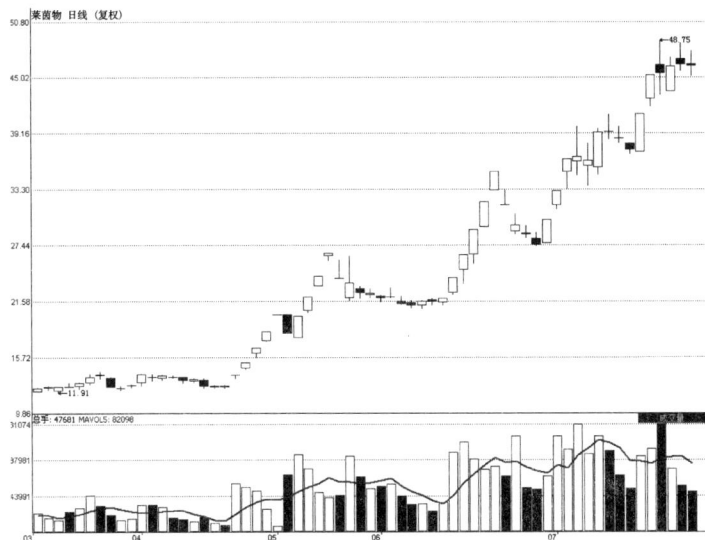

图 8-2　莱茵生物"甲流感"题材走势图

通过本招式中对于题材股的详细解析，可以帮助读者更好地掌握如何从题材股中去捕捉翻倍黑马。

图 8-3 为达安基因（002030）2009 年 3 月 11 日至 2009 年 6 月 19 日期间走势图，此股也是源于"甲流感"题材面受到主力炒作，其上涨时间与莱茵生物几乎同步，所不同的是，它的涨势与涨幅相对莱茵生物来说要差一些，这与此股在起涨前的累计涨幅有关，也与此股不是正宗的甲流题材股有关，还与此股受主力关注程度有关。此股在因甲流题材起涨前已经出现了 1 倍以上的累计涨幅，股价达到前期的历史高位区间内，而此股的甲流题材仅仅是源于公司发明了检测甲流感病毒的试剂盒。莱茵生物因甲流感题材而出现涨停脱离盘整区的时间是 2009 年 4 月 27 日，达安基因则是 2009 年 5 月 11 日，其启动时间要明显晚于莱茵生物，这说明在甲流题材中，莱茵生物充当的是领涨股、龙头股的角色，而达安基因仅仅是一只跟风股；但在火爆的"甲流感"题材的支撑下，此股依然出现了短期涨幅翻倍的走势。通过对达安基因与莱茵生物的走势的分析可以得出，在运用题材股捕捉短线黑马时，若相同的题材引发多只个股上涨，我们应快速介入领涨股或龙头股，这样的个股启动时间最早、题材最为正宗、受主力资金关注程度最高，因而其涨势、涨幅往往更为惊人。

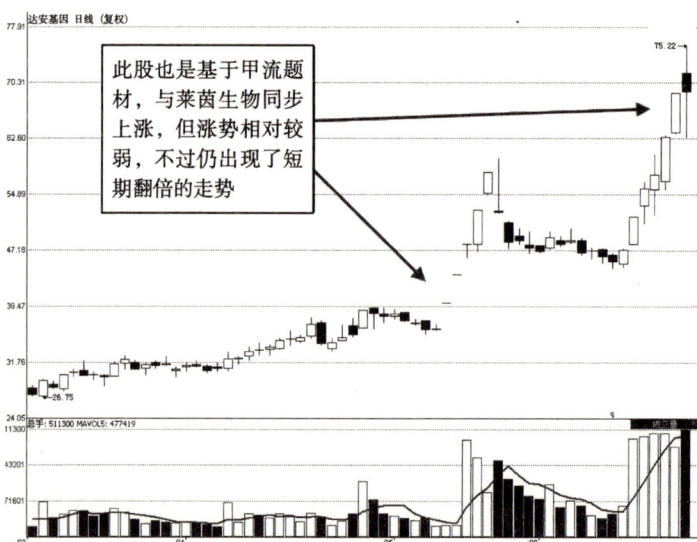

图 8-3 达安基因"甲流感"题材走势图

图 8-4 为熊猫烟花（600599）2009 年 1 月 7 日至 7 月 30 日期间走势图，此股在长期盘整走势之后，出现了相对放量的突破上涨形态，而且是以涨停板的形式来完成突破的，这说明有主力在控盘此股。由于此股前期的横盘时间较长，若是散户的持仓量较大的话，这种突破走势势必会引发明显的放量，然而，此股的放量效果并不像我们所想象的那样大，只是出现了相对的放量，其量能效果甚至不如前期震荡过程中的量能，这说明已有主力在横盘震荡过程中悄悄地吸纳了不少筹码，主力此时的控盘能力已较强。对于此股来说，它当前的业绩情况较为糟糕，而且并没有资产整合预期，对于这种出现明显异动的个股，投资者要有充分的想象力才可能合理地解释它的股价异动（虽然我们无法为每只异动股找出很好的理由，但是我们竭尽所能地去对个股的异动走势进行合理的解释，甚至是猜测，这是我们做好股票的关键，因为使我们真正获利的仅仅是少数我们能看得懂的个股，而不是全体异动的个股）。此股是一只正宗的烟花销售及燃放类个股，而这两种经营科目都各适合于重大的节庆日，我们常常可以看到在春节前或是重大节日前此股出现异动走势，投资者如果能联想到当时国内正处于迎接新中国成立六十周年的喜庆气氛中，就可能会对此股的异动做出合理的解释了。此股的这种突破上涨正是源于主力对其所具有的国庆题材的炒作，由于此股前期处于相对低位

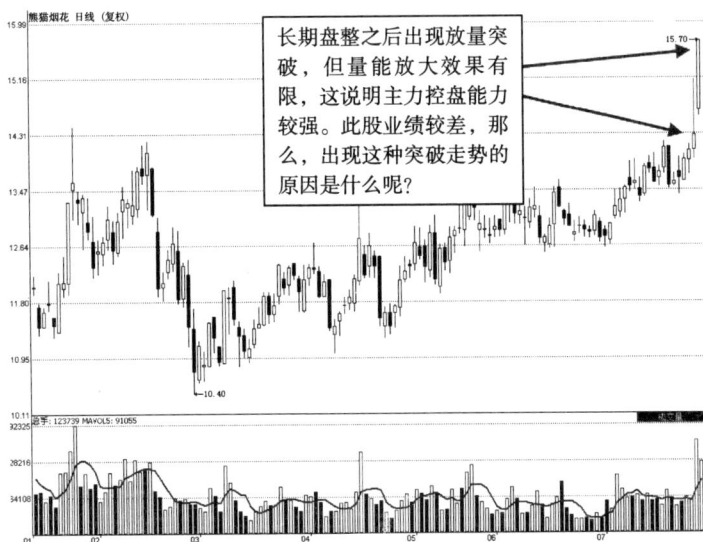

图 8-4　熊猫烟花国庆烟花题材突破示意图

横盘区震荡，此时股价刚刚脱离这一横盘区，因而其后期的上涨空间仍然巨大，如果我们可以及时地分析出这种题材及看懂此股的这种走势，就应在第一时间内介入，以分享题材股短期暴涨所带来的巨大收益。图8-5为此股突破盘整后的走势图，可以看到，此股在国庆题材的支撑下，在短时间内出现了翻倍的走势。

图8-5　熊猫烟花横盘突破后走势图

图8-6为中路股份（600818）2008年8月8日至2008年11月20日期间走势图，此股在深幅下跌后，于低位区出现涨停向上反转的走势，此股的这种走势很好理解，因为当时此股被市场挖掘出具备迪士尼题材，而且此股前期又经历了深幅下跌走势。中路股份的迪士尼题材是由于上市公司有一块与迪士尼主题公园相邻的土地，因此，主力开始炒作此股，此股在低位区出现这种涨停反转的走势也就在情理之中。但是，由于迪士尼题材已是市场之前反复炒作过的一个题材，此时，准确地判断出这一题材的力度是决定我们是否应快速介入此股的关键所在。因为对于题材股而言，如果真有主力大幅炒作此股，那多是以连续涨停的方式来完成的，因此，摆在我们面前的只有两种选择，要么是快速介入、要么是放弃此股。此时，我们面对的关键问题就是：是否会有主力因为此股的迪士尼题材而炒作它呢？下面我们就来综合分析一下。

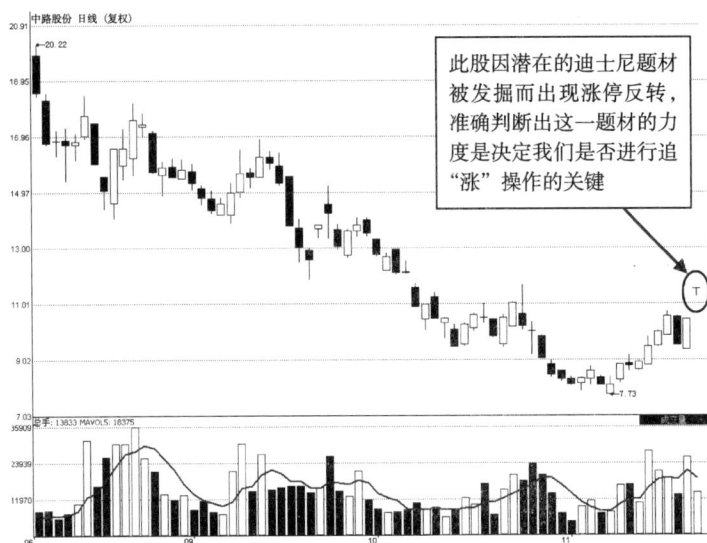

图 8-6　中路股份迪士尼题材反转走势图

　　首先，我们应知道题材股是以预期性为主要特点的，对于重大事件类的题材股来说，往往是在题材"落实"之前被主力炒作的，如上例中的熊猫烟花就是如此，本例中的中路股份的迪士尼题材也属于重大事件类题材股，这是因为迪士尼主题公园即将落户上海。此时的迪士尼题材仍没有落实，因而是有炒作价值的。其次，迪士尼题材的力度或称热度是决定此股后期上涨的关键所在，我们可通过观察其他的同类题材股走势来得出结论。最后，也是最为关键的一点，低位区的个股更容易获得主力资金的炒作，因为这样的个股后期上升空间更大，即使它所具备的题材似乎并不是那么的正宗，但题材毕竟只是主力炒作过程中的一个噱头，只要个股与题材沾边即可。

　　图 8-7 为界龙实业（600836）2007 年 11 月 12 日至 2008 年 7 月 31 日期间走势图。图 8-8 为大盘同期 2007 年 11 月 12 日至 2008 年 6 月 23 日走势图。通过对比我们可以发现，在大盘同期不断下跌的走势中，界龙实业却能够不断地逆市创出新高，而此股的这种逆市创新高走势既不是因为业绩的增长，也不是因为有资产注入预期，作为一只业绩较差的个股来说，此股的这种逆市走势完全源于它的正宗迪士尼题材，这也从另一侧面说明了迪士尼题材的火爆性。

　　图 8-9 为界龙实业 2008 年 7 月 30 日至 2008 年 11 月 20 日期间走势图，

图 8-7 界龙实业迪士尼题材走势图

图 8-8 大盘同期走势图

对比图 8-6 我们可以看到两只个股在 2007 年 11 月 20 日当日都出现了涨停，这说明市场炒作迪士尼题材的热情很高，但是由于中路股份所处的价位区间更低，因而其后期的走势更值得期待。

通过以上的分析，我们可以得出较为理性的决策，即主力已开始炒作这一题材股，而此股目前处于起涨初期，后期仍有巨大的空间，因此，我们应

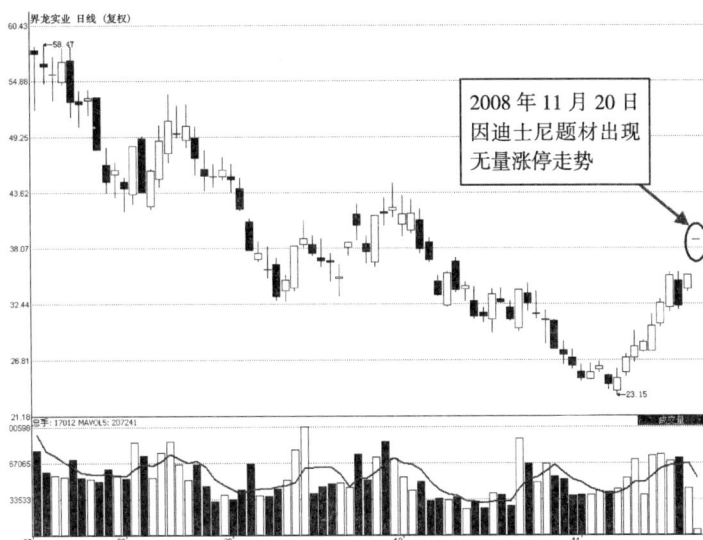

2008 年 11 月 20 日
因迪士尼题材出现
无量涨停走势

图 8-9 界龙实业 2008 年 11 月 20 日前走势图

在第一时间点内快速介入。图 8-10 为此股因迪士尼题材启动后走势图，在主力的大力炒作下，它在短期内出现了快速翻倍的走势，并且随后经过盘整走势后，再度出现了一波强有力的上涨行情。可以说，是主力的炒作引爆了题材股，是市场的追涨热情成就了题材股，而题材股也创造了时间与收益的最佳组合，另外，题材的最大优点还在于其出现的频率高，以上题材股所具

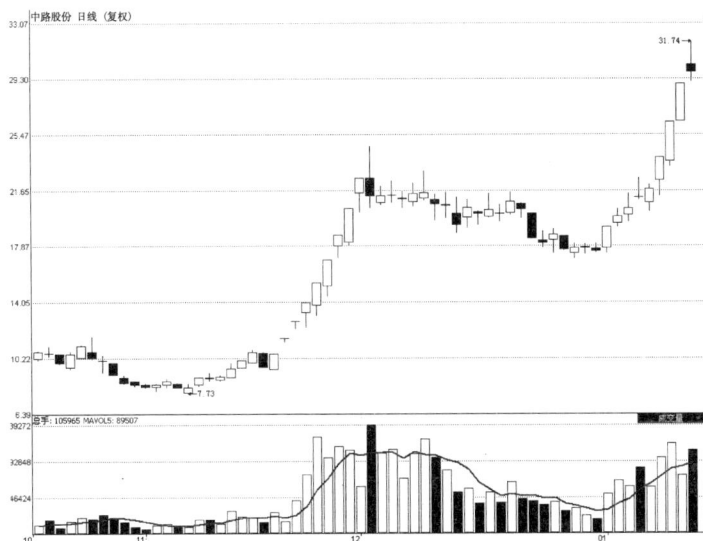

图 8-10 中路股份迪士尼题材启动后走势图

有的优势也是我们为什么花如此之长的篇幅来讲解"通过题材股捕捉翻倍黑马"这一招式的原因所在。

图 8–11 为首开股份（600376，原名：天鸿宝业）2006 年 8 月 21 日至 2007 年 4 月 4 日走势图，此股长期盘整之后，于 2007 年 2 月后开始快速上涨，股价在短期内出现了翻倍走势，虽然这种上涨是受大盘的强势上涨所带动，但其涨势要明显强于大盘。在当时的市场环境下，如果我们关注一下此股，对于它的这种走势是很好解释的，因为当时市场多次出现此股将有重大资产注入事项的传闻，传闻的可信度我们可凭消息渠道的可信度来判断，也可以凭二级市场中的股价走势来判断。对于消息渠道相对较为闭塞、不够准确的散户投资者来说，传闻仅是帮助我们发现个股的手段，它绝非决定我们是否布局的依据，当我们依据传闻发现个股时，就要来看看二级市场中它的股价走势情况如何。

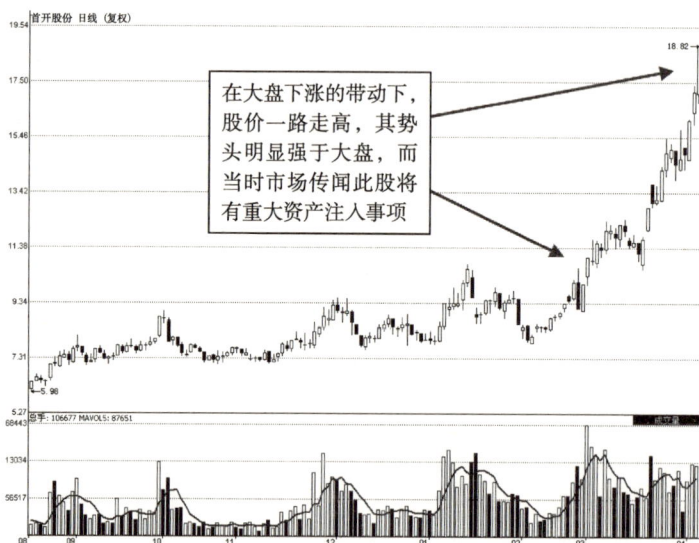

图 8–11　首开股份资产注入事项前走势图

对于此股来说，我们可以看到，在股价的快速上涨中，我们并没有看到它出现明显的量能快速放大形态，这说明很大一部分筹码在已大幅获利的情况仍处于良好的锁定状态，因此，我们可以有把握地推断出已有强控盘主力入驻此股，在当时股市做多气氛充裕的状况下，在经过以上分析后，及时地追涨也不失为一种明智之举，因为这种追涨是建立在我们细致的分析推理之上的。

那么，什么是资产注入题材呢？主力又是如何炒作资产注入题材的呢？所谓资产注入，就是指上市公司的控股股东把自身的优质资产注入到上市公司里面去，或是上市公司购买其他的优质资产。一般来说，注入的资产应该是质量较高、盈利能力较强、与上市公司业务关联比较密切的资产，这样有助于提升上市公司业绩。重大的资产注入还会使上市公司的主营业务发生转变，甚至发生脱胎换骨的转变。

资产注入题材多属于机密消息，散户投资者很难得到准确可靠的消息。但股市并没有不透风的墙，总有一些有重大资产注入预期并即将发布资产注入事项的个股以"传闻"或"内参"的形式流传于市场之中，此时，投资者可以在关注传闻的同时进一步分析个股的二级市场走势，以验证传闻的可靠性，毕竟若有强控盘的主力介入这样的个股，则势必会引起它的异动，而强控盘主力的消息来源多是可靠准确的，否则又怎么敢动用大资金去炒作一只捕风捉影的个股呢？

图8-12标注了此股资产注入事项公布后的走势，此股于2007年4月4日因商讨重大事项而停牌，随后于2007年6月12日复牌并公布重大资产注入事项："天鸿宝业：以10.44元/股向首开集团发行不超过5.5亿股股票；首开集团是国内资产规模最大的房地产开发集团之一，通过本次交易，首开集团将土地一级开发业务、房地产开发业务以及优质持有型物业注入公司，将迅速扩大公司的经营规模，使公司竞争力得以大大提高；通过本次向首开集团购买资产，公司盈利能力将提高，每股收益和净资产收益率等指标均有一定幅度的增长，从根本上符合公司及全体股东的利益；通过本次交易，将实现首开集团房地产主营业务整体上市。"可以说，这种重大的资产注入是上市公司脱胎换骨的表现形式，因而复牌后就是连续的无量涨停板，短期内即出现了翻倍走势，通过前面分析可以看出，我们是可以在它停牌前依据"传闻＋股价走势分析"的方式来成功捕捉到它的。

图8-13为高淳陶瓷（600562）2008年10月27日至2009年4月20日期间走势图，此股在此期间出现了稳健的上涨走势，当时市场传闻此股将有重大资产注入事项，其内容是十四所重组高淳陶瓷的传闻，而从此股稳健上涨的走势我们也的确可以看出确有主力隐匿其中，特别是在2009年4月20

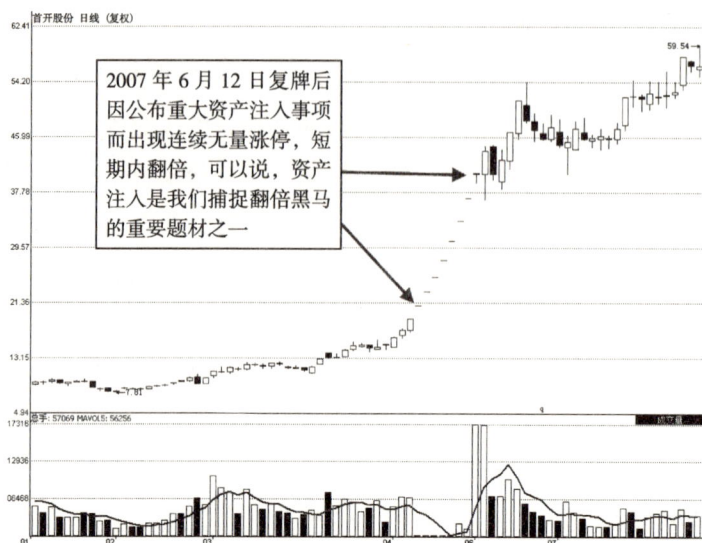

2007 年 6 月 12 日复牌后
因公布重大资产注入事项
而出现连续无量涨停，短
期内翻倍，可以说，资产
注入是我们捕捉翻倍黑马
的重要题材之一

图 8-12　首开股份资产注入事项公布后走势图

日出现的一个明显的向上突破的涨停板竟然出现了相对的缩量形态，这说明
已有控盘主力入驻个股，并在拉升时进行了积极的锁仓行为。由于此股此时
的累计涨幅并不大，且股价处于相对的低位区，因而依据"传闻＋股价走势
分析"的方法，我们就可以做出应布局此股的决策。

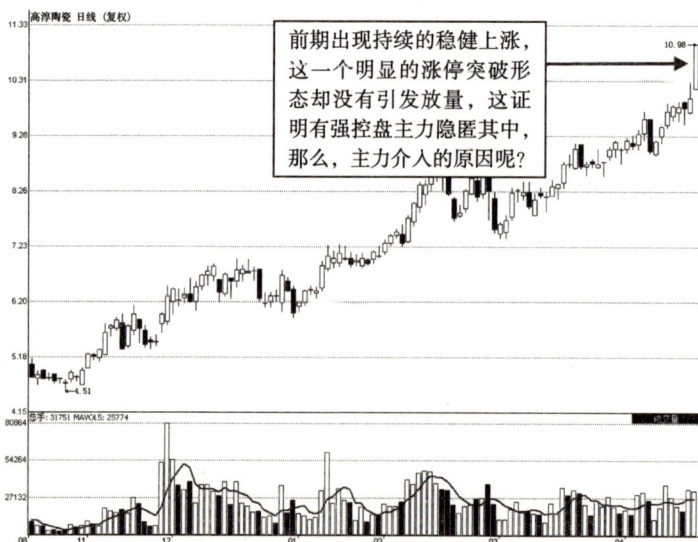

前期出现持续的稳健上涨，
这一个明显的涨停突破形
态却没有引发放量，这证
明有强控盘主力隐匿其中，
那么，主力介入的原因呢？

图 8-13　高淳陶瓷持续上涨走势图

图 8-14 为此股 2009 年 5 月 22 日复牌后的走势图，此股在复牌后公布消息："高淳陶瓷：拟通过资产置换及非公开发行方式转型电子信息产业；公司拟以截至 2009 年 6 月 30 日经审计及评估确认的全部经营性资产及负债作为置出资产，十四所拟以截至 2009 年 6 月 30 日经审计及评估确认的所持南京恩瑞特实业有限公司（恩瑞特）49% 的股权、十四所微波电路部、信息系统部两家直属事业部相关经营性资产作为置入资产，两者进行置换；置入资产与置出资产价值的差额部分以非公开发行股份支付。"很明显，置出负债及劣质资产，而置入的是优质资产，这对上市公司来说是一个重大的利好，但这种利好还不足以促使股份走出连续 11 个涨停板，这是驻入其中的强控盘主力所引致的结果。当此股于 2009 年 6 月 8 日放量打开涨停板后，通过交易所公布的交易信息显示，上市公司所在地的南京地区的营业部交易十分活跃、频频上榜，这也从另一个侧面说明了确有控盘主力提前获知了这一消息，隐藏其中。

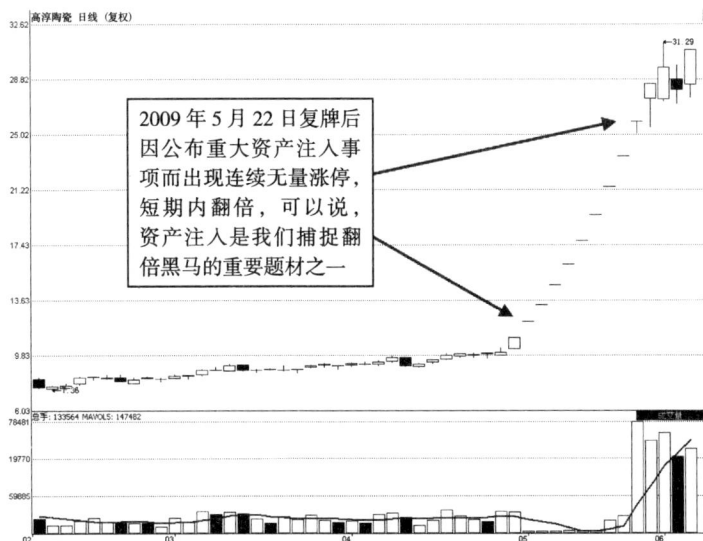

图 8-14 高淳陶瓷资产注入事项公布后走势图

那么，除了利用市场传闻并结合股价走势进行分析的方法来捕捉资产注入题材外，我们还可以通过哪些方式来捕捉资产注入题材呢？依笔者经验来说，我们还可从上市公司控股大股东与上市公司之间的关联交易规模、上市公司大股东承诺、地域经济发展框架与行业发展的政策方向这三方面着手分析资产注入题材。

对于上市公司控股大股东与上市公司之间的关联交易来说，往往是以大股东通过中介机构将利润直接向大股东或者大股东关联方进行转移的方式呈现，这是大股东及关联方利用不对称交易来剥夺上市公司收益的一种方法。但是随着流通，大股东就有了增厚上市公司业绩，从而实现二级市场股价高涨的动力，想快速提高上市公司的业绩、实现股价暴涨，最好的方法就是向上市公司注入优质的资产。因此，大股东旗下是否拥有大量优质资产以及是否有强烈的注入意愿，是我们挖掘资产注入题材应重点关注的内容。

对于上市公司大股东来说，某些实力强大的大股东其旗下仅有此一家上市公司，为了加强资源整合力度，完善产业结构，并为日后的再融资铺路，大股东往往都会提前承诺在未来的某段时间内进行资产注入或实施整体上市计划。

对于地域经济发展框架与行业发展的政策方向来说，对优质资产进行有效的整组，从而提高效率、完善产业结构是国家或地区的宏观方针，这一方针自然要落实在上市公司之上。

第七招 月光宝盒，逆转时空
——热点题材中捕捉翻倍黑马之二

在电影《大话西游》中有一个神奇的盒子——月光宝盒，我们常说时间不可倒转，但借助于神话的力量，时间倒转是可以实现的，但是从时空的倒退中，我们会有什么感悟呢？通过月光宝盒我们是不是可以在知道结果的情况下去更好地审视原因的出现呢？当我们在不知道结果的情况下，对于原因的出现、原因的发展可能会恍然不觉，但是，在我们知道了结果后，我们再回去看看原因就会发现，从原因到结果之间的路途是那么自然、和谐，也是那么的合情合理。的确，在知道了结果后，再去研判原因无疑是简单的，但是，这却给了我们一个启示，如果我们可以依逻辑的方法，以条分缕析的思维方式去认真地分析原因，那我们也是可以在原因出现时就提前预知结果的。在上一招的分析中，我们也采用了这种分析方式，例如在对熊猫烟花走势的分析中，我们就在此股刚刚脱离盘整区时提出了"此股出现突破走势的原因何在？"的问题。在对中路股份涨停反转走势的分析中，我们也提出了"促使此股反转涨停的原因何在？题材的力度如何？"等问题，这些问题就是引导我们提前获知结果的关键所在。由于这一分析方法的重要性及题材股在国内股市中的重要地位，本章中，我们将在前一章的基础上继续来分析题材股。

图 9-1 为中弘股份（000979）2012 年 12 月至 2013 年 8 月期间走势图，此股于 2013 年 6 月 25 日开始启动，短短的两周内股价实现了翻倍走势，直到此股于 2013 年 7 月 8 日公布了高送转预案，市场才恍然大悟，原来主力是在炒作此股的高送转题材。那么什么是高送转题材呢？这一题材为何会获得主力的青睐呢？

所谓高送转，就是指大比例地以资本公积金转增股本或者是大比例送红

中弘股份（日线）

2013 年 7 月 8 日高送转公布

VOLUME: 569670.75 MA100:186601.30 MA100:186601.30

图 9-1　中弘股份高送转题材走势图

股，比如每 10 股送 10 股或每 10 股送 5 股转增 5 股等形式，高送转行为对公司的净资产收益率、公司的盈利能力等方面并没有任何实质性影响，它仅仅是股东权益的内部结构调整，在净利润不变的情况下，由于股本扩大，资本公积金转增股本与送红股将摊薄每股收益。在国内股市中，高送转题材以其极强的历史底蕴而获得了主力的青睐，主力炒作它的原因主要有两点：一是由于中小企业的高速成长的过程往往也是一个其股本的快速扩充的过程，因而"高送转"向市场传递了上市公司成长性突出这样一个特点，而且国内股市中确有不少实施高送转的上市公司有极好的成长性，比如苏宁电器、贵州茅台、驰宏锌锗等，这些上市公司在除权后由于其业绩能够保持高速增长，还会走出"填权"行情；二是高送转是扩大股本的过程，但由于高送转并不改变公司的总利润、净资产等财务数据，因此，在高送转实施后，股价自然要做出相应的调整，这就是所谓的除权，除权后的股价处于 K 线图中的低位区，给人一种极强的低价视觉效果，这对此股的真实的高位状态起到了极好的掩饰作用，也方便了主力的继续拉升或借机出货等控盘行为。

　　图 9-2 为中弘股份（000979）高送转除权后的走势图。可以看到，在此股公布了高送转方案后，再次出现了一波强有力的拉升。一般来说，主力多在高送转方案公布之前，通过其可靠的内幕消息来完成对这种个股的主升浪

的拉升，至于高送转消息公布后是否仍然借机拉升则更多地取决于主力的目标价位及同期大盘走势，在高送转消息明朗化后去参与追涨，虽然存在着一定风险，但仍不失为一个机会，此时我们可以结合它以前的累计涨幅、同期大盘走势等情况进行综合分析再做决定。随后，当高送转方案实施后，我们可以看到它形成了明显的"低价"视觉效果，这为主力后期的运作提供了基础，主力既可以选择通过这种"低位区"的长期盘整来慢慢出货，也可以选择继续拉升让其走出填权行情。投资者在操作除权后的个股时一定要注意，那些可以真正走出填权行情的个股多是有上市公司业绩的高速增长为支撑，而对于那些没有业绩支撑的高送转个股来说，其除权后的时间段也就是主力出货的时间段。

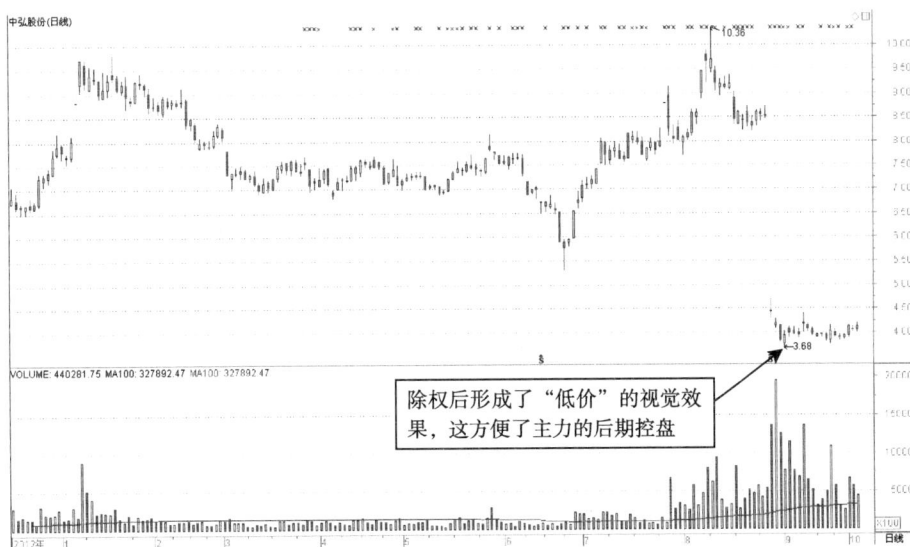

除权后形成了"低价"的视觉效果，这方便了主力的后期控盘

图 9-2　中弘股份高送转除权后示意图

图 9-3 为康美药业（600518）2003 年 7 月至 2013 年 10 月期间除权后的走势图，此股在此期间多次实施高送转方案，每一次高送转实施后，股价走势都能出现快速的填权走势，这是与上市公司业绩持续出现高速增长密不可分的。

图 9-4 为维维股份（600300）2008 年 12 月 8 日至 2009 年 7 月 1 日期间走势图，此股同样是因为有高送转方案出炉，而在高送转方案公布前就受到

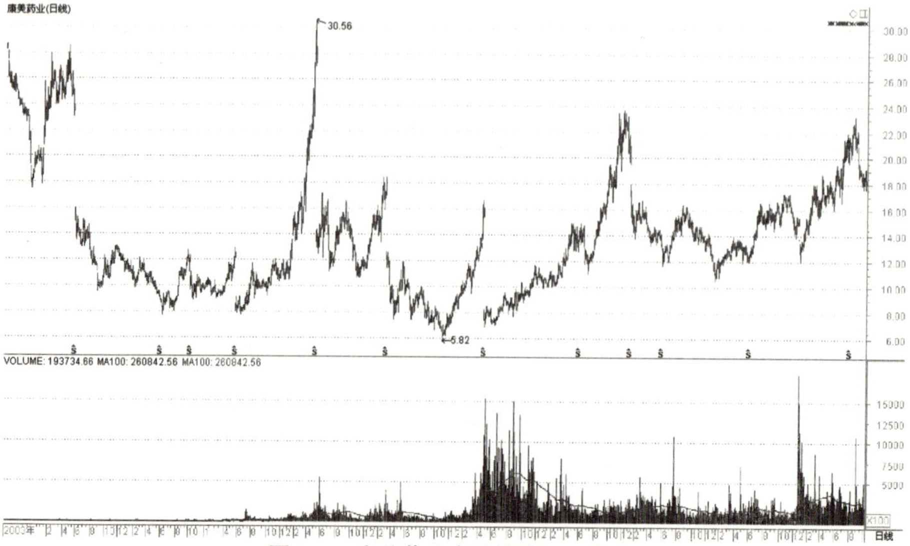

图 9-3　康美药业高送转除权示意图

图 9-4　维维股份高送转走势图

了主力资金的炒作。如图标注所示，虽然此股因高送转题材出现了巨大的涨幅，但是当股价除权后，却是明显呈现出"低价"的视觉效果。

　　对于高送转题材股来说，在上市公司未发布高送转预案时，普通投资者是难以得知这一消息的，因此，在捕捉这种题材股黑马时，我们仍可以遵循上一招中讲过的依据"传闻＋股价走势分析"的方式来提前获知主力的介入，并进而追随主力一同布局。

那么，除了利用市场传闻并结合股价走势进行分析的方法来捕捉高送转题材外，我们还可以通过哪些方式来捕捉高送转题材呢？依笔者经验来说，我们还可从上市公司股本规模、上市公司业绩情况、每股的净资产和资本公积金状况、企业是否有扩张的需求这四方面着手分析高送转题材。一般来说，股本规模不是很大、每股的净资产和资本公积金的水平较高、企业业绩增长较快、有强烈的扩张需要的上市公司往往更容易实施高送转分配方案。

图9-5为西藏矿业（000762）2008年10月17日至2009年1月16日期间走势图，图9-6、图9-7、图9-8分别为相同时期内的包钢稀土（600111）、贵研铂业（600459）和上证指数的走势图。从这四张走势图中我们可以看到，西藏矿业、包钢稀土、贵研铂业均在2009年1月16日前出现了放量涨停突破的形态，其走势明显独立于同期仍在盘整之中的大盘，这说明有主力资金在介入这些个股。但这几只股的出现放量涨停突破的时间却明显不同，西藏矿业于2009年1月9日出现放量涨停板突破形态、包钢稀土于2009年1月12日出现放量涨停板突破形态、贵研铂业于2009年1月14日出现放量涨停板突破形态，虽然时间不同，但是如果我们仔细分析就会发现这三只个股存在着一个极为相似的共同点，那就是它们都拥有稀缺类的矿产资源，是具有稀缺类的矿产资源垄断题材类个股，如果我们发现了这一点，就会很快提出疑问：这是不是主力炒作垄断题材的迹象呢？下面我们先来看看什么是垄断题材，然后再来具体地分析一下这几只个股所具有的垄断优势及其价格走势情况。

"股神"巴菲特的投资原则之一就是"买入并持有那些具有垄断优势的个股"。那么什么是垄断题材股呢？所谓垄断，我们可以将其简单地概括为上市公司对于某种技术、服务和对稀缺资源的独占或拥有。这种"独占"的优势会使得上市公司在其相应的市场领域内具有绝对的优势，如果有其他公司要加入竞争的话，要么是面临着缺稀资源等原材料的窘境，要么是面临着技术研发、服务维护等成本明显过高的不利局面，这使得其他企业很难在相应的领域内对具备垄断优势公司造成威胁，这种具备垄断优势的上市公司就是我们所说具有垄断题材类的个股。在沪、深两市的个股的历史走势中，那些具有稀缺资源垄断优势的个股无疑是所有垄断题材中最热门的个股，这样的股票也往往能吸引大量市场资金，促使股价较快上涨。而主力资金炒作垄断题材的个股也是因为这种个股的题材持续性强，垄断题材不会像重大事件或重大消息所引发的题材那样，只具有短期热点力度，在长期内难以保持良好的市场热情，因此，垄断题材更方便于主力运筹帷幄地进行控盘操作。

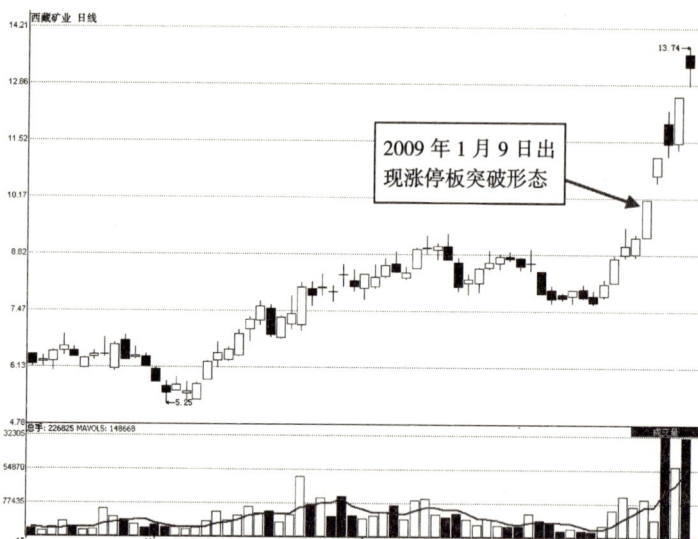

图 9-5　西藏矿业 2009 年 1 月 9 日涨停板突破示意图

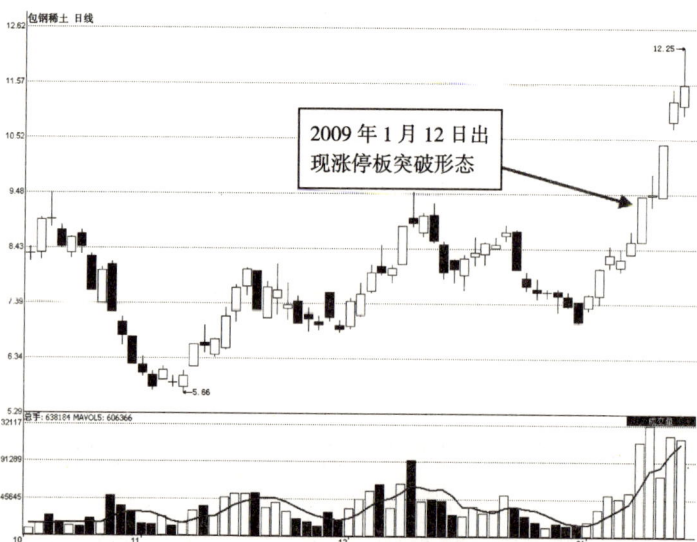

图 9-6　包钢稀土 2009 年 1 月 12 日涨停板突破示意图

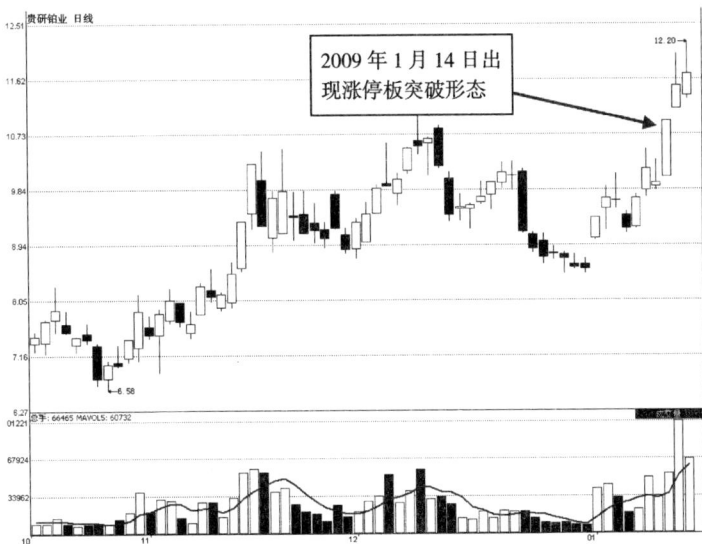

图 9-7　贵研铂业 2009 年 1 月 14 日涨停板突破示意图

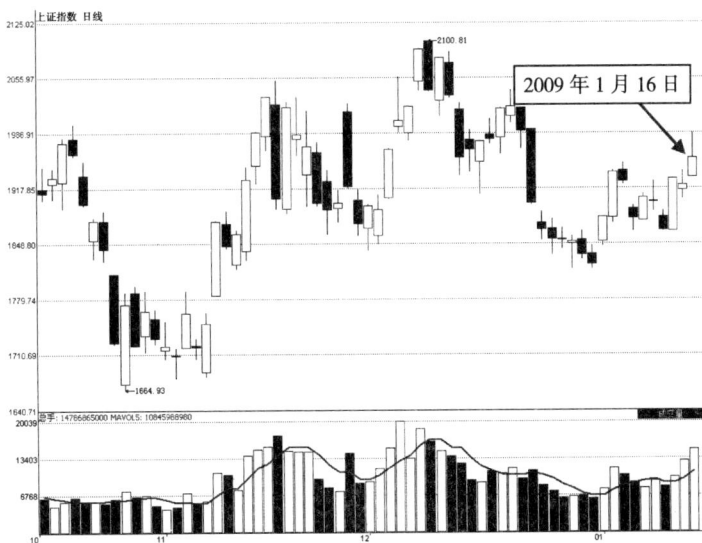

图 9-8　上证指数 2008 年 10 月 17 日至 2009 年 1 月 16 日期间走势图

　　我们再回到本例中，来看看这三只股票都具备了什么样的垄断题材。西藏矿业对稀缺矿种铬铁矿资源具有明显的垄断优势；包钢稀土的垄断优势在于，控股股东所属的白云鄂博铁矿是世界瞩目的铁、稀土等多元素共生矿，拥有世界稀土资源的 62%，占国内已探明储量的 87.1%，独特的资源优势造就了包钢在世界冶金企业中罕有的以钢铁和稀土为主业的独特产业优势；贵研铂业的垄断优势在于，控股股东云锡公司将所持元江镍业98%股权于2006年置入公司。元江镍业拥有探明金属镍的储量为53万吨，居全国第二，是我国最早发现、勘探并列入开发计划的唯一大型红土镍矿床。

通过对这几家上市公司所具有的垄断资源进行分析，我们可以发现它们都对矿产资源具有垄断优势，因此它们出现了相似的走势，且都是以涨停板突破形态呈现在市场面前的。由于西藏矿业的矿产资源最丰富（它拥有金矿、铜矿、铬铁矿、锂矿等多种矿产资源），因此其起涨时间最早，起到了"领头羊"的作用。

在明白了这几只股上涨的原因之后，我们就要做出决定，是在这几只个股涨停突破后买入个股，还是继续等待呢？要买入哪一只个股呢？与前面所讲的题材股不同，我们可以明显看出这是集团资金对于矿产类垄断题材的一次集中炒作，因此，我们可以认为对这些垄断题材个股炒作的主力资金是有备而来的，而且，此时个股正处于深幅下跌后的盘整突破形态，且同期大盘出现止跌企稳走势，对于我们来说，明智的决定就是买入这种刚启动的题材股；在操作上，如果我们仅通过西藏矿业及包钢稀土的涨停突破走势就可以预见到主力资金对于这种垄断题材的炒作，那我们就及时地买入涨停突破后的包钢稀土；反之，若我们是在通过西藏矿业、包钢稀土及贵研铂业的涨停突破走势都出现之后才预见到主力资金对于这种垄断题材的炒作，那我们就应及时介入涨幅相对较小的贵研铂业，因为它对于后期启动的同类题材股其未来的补涨空间更大些，且风险也更小些。

图9-9为贵研铂业2009年1月14日涨停板突破后走势图，图9-10为西藏矿业2009年1月9日涨停板突破后走势图，图9-11为包钢稀土2009年1月12日涨停板突破后走势图。可以看到，这几只个股在放量涨停突破低位平台区后都出现了翻倍走势，只要投资者遵循上面我们讲到的分析方法就可以准确地捕捉到这种稀缺矿产资源垄断题材下的翻倍黑马行情。

图 9-9　贵研铂业 2009 年 1 月 14 日涨停板突破后走势图

图 9-10　西藏矿业 2009 年 1 月 9 日涨停板突破后走势图

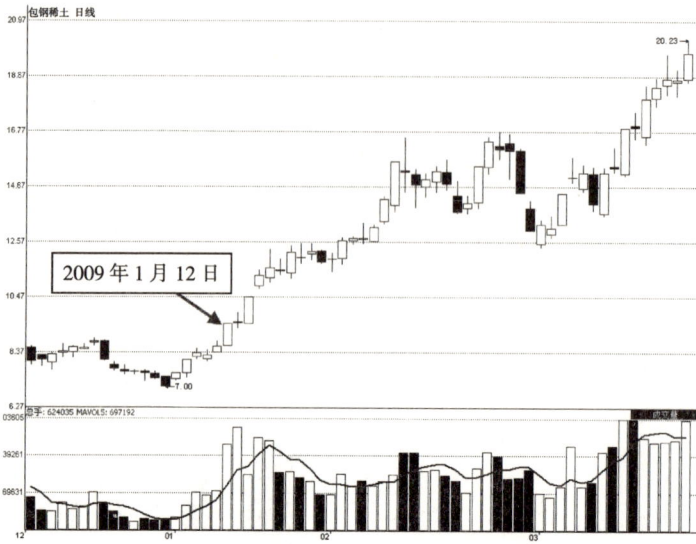

图 9-11　包钢稀土 2009 年 1 月 12 日涨停板突破后走势图

第八招　晨光初洒，生机无限
——新股中捕捉翻倍黑马

　　好的招式要与自然万物相结合才能达到最好的效果，当朝阳从东方初升，将晨光洒向大地之时，它预示着无限生机的到来；同样，当新股经过一系列紧锣密鼓的安排而成功上市时，往往也预示着新的机会的出现，获得了主力资金炒作的新股往往能快速地走出翻倍行情，可以说，新股是诞生黑马的重要发源地之一。本招式中，我们就来看看什么样的新股更容易获得主力炒作？我们怎么去捕捉新股中的黑马股？

　　新股也称首次公开募股（Initial Public Offering，IPO），指某企业首次向社会公众公开招股的发行方式，这种首次向社会公众公开招股发行的股票就是新股。新股在上市前后往往会进行宣传，而且新股往往都是在某一领域内较具优势的企业，股市炒作的是热情、是力度，新股正由于其"新"这一特点，往往能很好地集结市场人气，而主力自然就可以借机对其进行炒作。此外，由于新股是新上市交易的股票，不存在是否有老主力潜伏其中的"遗留问题"，且新股的股本一般都偏小，这对主力资金的快速建仓及随后的控盘过程都是极为有利的，因而，我们常常可以看到有不少题材独特、估值合理的新股在上市后受到主力资金的大力炒作，在上市后很短一段时间内就会出现翻倍行情。那么，我们应如何去发掘新股在上市后是否有翻倍潜力呢？据笔者经验来说，我们可以依据以下几点去分析：

　　（1）从题材面入手，关注新股是否有独特的炒作题材。好的题材是吸引主力介入的关键，也可以形成良好的市场氛围。一般来说，我们可以从此股的主营业务及资源储备情况入手。若公司是属于高新技术或节能环保等符合经济发展趋势的朝阳行业，则更容易吸引市场人气，反之则要减弱；若是公司有独特的垄断资源，那无论这种资源是否正在转为实实在在的业绩，都一样可以打开市场空间，方便主力炒作。

（2）从技术面入手，关注新股上市的交投情况。一般来说，主力若是有意炒作新股，往往会在上市首日大力介入，这样的新股上市首日必会出现高换手率，走势也会较为强劲，且在当日的盘口会出现经常性的大买单向上扫货，有强主力介入的新股在上市首日的换手率多会超过 60%。此外，我们还可以从上市首日后的运行情况着手，强主力入驻的新股，在随后的走势中往往要明显强于大盘，若此股在上市后恰逢大盘大幅下跌，则我们正好可以借此检验此股的主力控盘程度。

（3）从新股的盘子大小入手，大盘股与超级大盘股在上市后受到炒作的可能性很低，而且即使随后出现上涨，一般来说其涨幅也不会很大。那些出现快速翻倍的新股更多地来自于盘子较小的新股。

（4）从新股的二级市场定位着手，主力的炒作过程就是一个低吸高抛的过程，为了可以为后来的拉升预留空间，新股上市首日就不能出现暴涨的情况。如果翻看历史，我们会发现，那些上市首日涨幅超过 200%的个股其后期的走势多不尽如人意，而那些上市首日涨幅相对较小且估值仍然相对合理的个股则更容易吸引主力资金介入炒作。

另外，投资者还应关注新股的炒作时机。在弱势市场中，原则上不炒新股，因为新股上市后的估值状态都要高于同类个股；只有在当股市处于人气较旺的时候，主力才会介入，对新股进行大肆炒作。通过研判近期新股上市后的走势或许可以给我们带来启示，因为炒新股的情况往往阶段性地出现，有的时候，市场充斥着炒新股的习气，这时就是我们精心筛选新股的时候；有的时候，市场对新股毫无热情，这时我们就没必要劳神费力地去猜测哪只新股会有优异表现了。

图 10-1 为北新路桥（002307）2009 年 11 月 11 日至 12 日 28 日期间走势图，此股在 2009 年 11 月 11 日上市后，随即出现了大幅上涨走势，在短短两周内即出现了翻倍行情。此股之所以受到了主力资金的炒作是基于以下几点：①此股的股价相对较低，且估值状态要明显低于同期上市的其他个股。②此股上市之前，市场上存在着炒作新股的氛围，很多新上市的个股都走出了极好的行情，如图 10-2 为世联地产（002285）2009 年 8 月 28 日至 2009 年 11 月 11 日期间走势图，此股在 2009 年 8 月 28 日上市后，在北新路

桥上市时的 2009 年 11 月 11 日就已出现了翻倍行情，由此股可以看出当时的市场对于新股的炒作具有很高的热情。③此股是一只新疆小盘股，独特的新疆题材及军工题材也是吸引主力介入的关键所在。

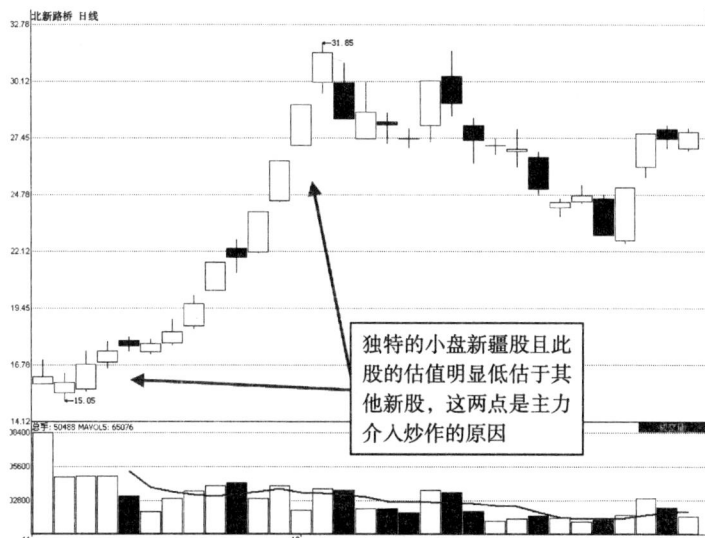

图 10-1 新股北新路桥翻倍走势图

图 10-2 新股世联地产翻倍走势图

对于主力来说分析新股是否有炒作价值是其重点所在，而对于散户投资者来说，分析是否有强庄主力介入则是重点所在。此股上市首日的换手率超过了 80%，当日盘中经常性的大买单不断出现，随后几个交易日又在相对高位区出现了强势横盘走势，而在这个交易日中，大盘的走势并不好，此股这种较为独立强势的运行态势也说明确有强控盘主力在上市首日进行了大仓位的买入，且在 2009 年 11 月 12 日、13 日、16 日连续三个交易日内的换手率都超过了 40%，而这三个交易日中股价呈现强势运行走势，这说明加速换手的筹码正在发生转移。随后，有一个细节是值得我们注意的，那就是此股在 2009 年 11 月 18 日的成交量出现了明显的缩小，而此时的股价又是上市以来的高点，这一信息说明了什么呢？通过前面各种招式中对于主力行为的分析，我们可以很轻松地推断出这是主力大力建仓后的锁仓表现形式，因此，此股在技术层面上面满足了新股暴涨的潜力。通过上面的分析，相信读者对于如何捕捉新股中的翻倍黑马会有一个更为清晰的认识。

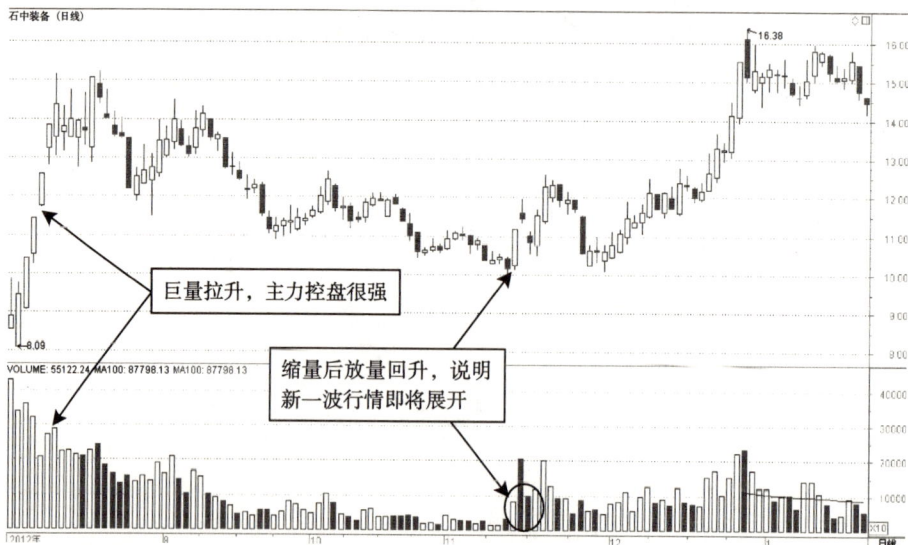

石中装备（日线）

巨量拉升，主力控盘很强

缩量后放量回升，说明新一波行情即将展开

图 10-3　石中装备翻倍走势图

图 10-3 为石中装备（002691）2012 年 7 月 31 日至 2013 年 1 月 23 日期间走势图，此股具有独特的品牌优势，在上市之前就已是市场关注的热点，但上市后此股的股价涨幅却不明显，由此也引发了主力炒作此股的热情。上市首日，该股换手率高达 85%。较大的换手率表明，主力有意操作该

股。上市首日该股实现涨幅不足 20%，明显是滞涨的表现。主力有意在接下来的交易日中拉升该股，首个交易日的价格滞涨，表明主力做多意愿将得到释放。

巨量放出以后，该股快速拉升四个涨停板以上涨幅，而接下来的缩量下跌中，该二次放量走强便是不错的买点了。主力还未放弃该股，第二次放量拉升只是又一次的盈利机会。把握这样的买点，投资者还是能够二次获得利润。

第九招　惊涛骇浪，我行我素
——盘中独立走势中捕捉翻倍黑马

那些身怀绝技的武林高手，往往有着特立独行的习惯，他们穿梭于人群之中，或是由于气质不同凡响，或是由于步姿轻盈矫健，与众不同的特点使得他们是那么的醒目，我们往往无须去亲眼看他们施展功夫，就对他们的本领深信不疑。对于武林中的江湖人士来说，行为、举止、言谈等外在特点既是其才智的表征，也是其功力深浅的表征；同样，在股市中，那些具有翻倍潜力的黑马也往往具有各式各样的表征形态，而盘中的独立走势则无疑是最为明显的外在特点之一。虽然每个交易日都有很多走势堪称独立的个股出现，但对绝大多数个股来说，它们是不具备成为翻倍黑马的条件的。在本招式中，我们就来看看如何通过分析盘中独立走势的个股来发掘翻倍黑马。

所谓的盘中独立走势是指个股盘中分时线运行形态与大盘的分时线运行形态并不一致，即个股的盘中股价波动情况异于市场的整体波动情况。可以说，本招式是对通过研究分时线的波动情况来发掘翻倍的黑马的，因此，我们有必要先来了解一下盘中应如何去看分时线。

分时线的波动就如同音阶的跳动一样，是有规律、有节奏可循的。一般来说，我们在盘中关注个股的分时线运行时要结合以下几点来进行分析：

（1）注意分时线与均价线的运行关系。均价线在常用的股票行情分析软件中多以黄色曲线标示，它的波动较为缓慢，所表示的市场含义为：当日开盘后直至目前这一时刻的市场平均持仓成本情况，也可以说当日的买盘持仓成本情况。而分时线市场含义则是当前这一分钟的交易价格。在理解分时线与均价线的关系时，我们可以借用移动平均线系统中长期均线与短期均线之间的关系。在移动平均线理论中，我们知道，中长期移动平均线与短期移动平均线在价格运动过程中往往呈现出"分离—聚合"的特性，此外，在上升趋势中，中长期均线对短期均线有支撑作用，而在下跌趋势中中长期均线对短线均线则有阻挡作用。同样，对于均价线与分时线来说，也存在着这样的关系。均价线相当于中长期移动平均线，而分时线则相当于短期移动平均线，当个股的分时线长时间运行于均价线下方时，均价线会对个股的上涨起到明显的阻力作用，此时个股的盘中走势多呈现强势运行状态；当个股的分时线长时间运行于均价线上方时，均价线会对个股的下跌起到明显的支撑作用，此时个股的盘中走势多呈弱势运行状态。

（2）注意分时线与分时量的配合关系。健康的上升形态是"涨时放量，回调时则相对缩量"。同理，这种量价关系一样适用于分时线与分时量的配合之上。我们在分图下方会看到柱形图，其中每根柱形都代表了这一分钟的量能情况，利用分时线与分时量的配合关系，我们可以很好地检验出个股的涨势是否牢靠，主力控盘程度如何，是否有资金在持续流入等信息。一般来说，在分时线流畅的上涨过程中，分时量往往也会呈现出同步放大的形态，这是大量连续介入的买盘推动了股价上涨，是买盘充足的表现，反之，若是分时线快速上涨，而分时量不见快速放大，则说明这是不自然的交投过程，它或者表明市场当前交投不活跃，或者表明主力控盘能力较强，此时，我们可以结合价格的总体运行情况来做结论。在运用分时线与分时量的配合关系时，我们可以借用日K线图中的量价分析原理，它们只是时间周期不同，其分析方法是大同小异的，只不过在分时图中的分时量可能更容易受到单笔交易的影响，但这并不影响我们当日对分时线与分时量的总体分析。

（3）注意多日分时线的连续性。单日分时线走势更容易受到主力操盘或消息刺激的影响，它无法准确地反映出价格运行的总体趋势，仅依据单日分时线运行的强弱情况去研判价格走势会使我们得出片面的结论，要想准确地判断出主力的建仓、拉升、洗盘、出货等动作，推断出主力的真实意图，我们更应该以一种时间连续性的方式，通过分析连续多天分时线的走势，根据多日分时线推测出的主力行为、主力意图等信息。如果能够与从日K线图反映出来的趋势一致，则短线操作成功的可能性就非常大，如果推测结论不一致，则证明两者将有一个是错误的，为避免操作失误，此时最好放弃操作。

在理解了如何分析分时线运行情况后，我们就可以在分析个股分时线运行的基础之上，再去结合大盘的走势去分析个股是否有盘中独立运行特性了。这种独立运行特性是否预示了强控盘主力已入驻其中，从而有成为翻倍黑马的潜力？下面我们结合实例来做具体讲解。

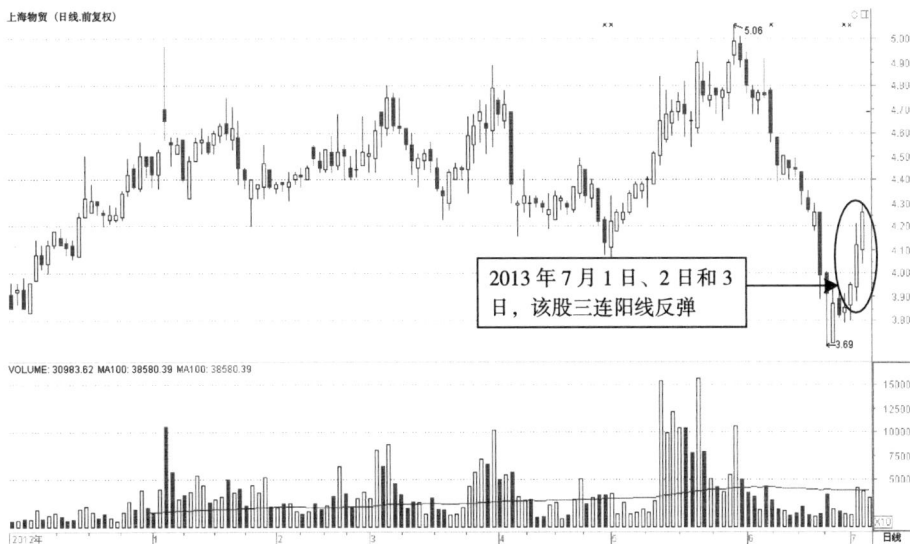

图 11-1　上海物贸日 K 线反弹

如图 11-1 所示，上海物贸的日 K 线图中，该股前期强势波动的时候，脉冲放大的量能非常明确。这个时候，投资者能够发现该股还是非常活跃

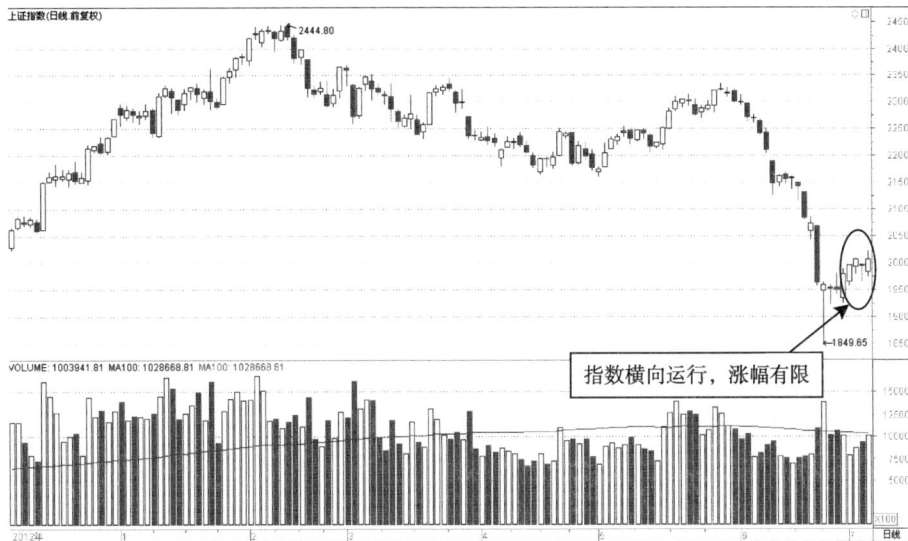

图 11-2　上证指数日 K 线反弹

的。在股价连续单边下挫结束之时，图中显示，该股在 2013 年的 7 月 1 日、2 日和 3 日都出现了上涨。很明显，该股以连续三根阳线的趋势回升，还是值得投资者关注的。股价快速飙升的过程中，投资者能够发现其中交易机会很多。

如图 11-2 所示，上证指数的日 K 线图中，股指回升趋势并不明确。指数反弹的过程中，在 2013 年 7 月 1 日、2 日和 3 日出现滞涨的情况。在股指上涨空间不足的情况下，上海物贸日 K 线中三根回升阳线更加明确地表明，该股的强势会得到延续。明显强于股指的个股，总会成为黑马股。上海物贸才刚刚启动，后市回升趋势还将得到延续。

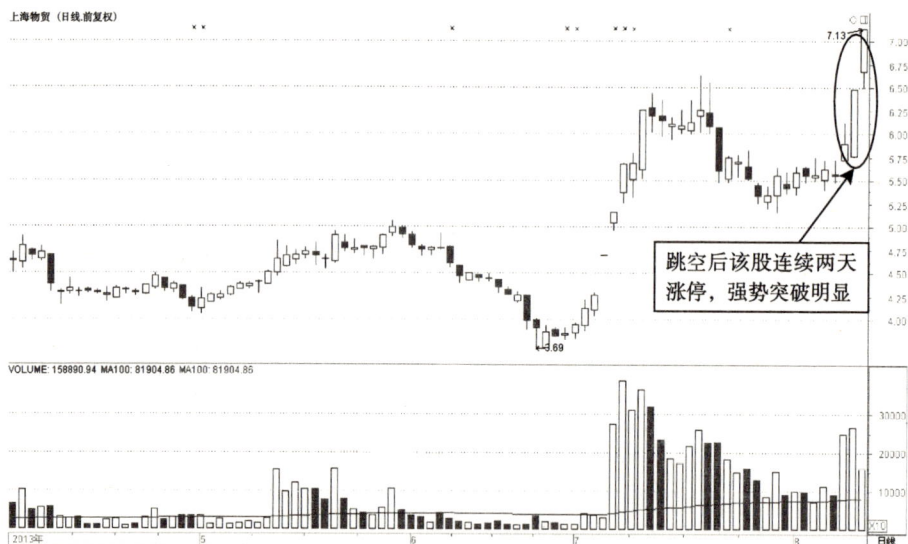

上海物贸（日线,前复权）

VOLUME: 158890.94 MA100: 81904.86 MA100: 81904.86

跳空后该股连续两天涨停，强势突破明显

图 11-3　上海物贸高位率先突破

如图 11-3 所示，上海物贸在接下来的 8 月 8 日、9 日和 10 日分别出现了三根回升阳线。首次跳空上涨以后，该股以第二个和第三个涨停阳线完成了阳线形态。可见，放量突破的走势出现在前期价格高位以上，说明这种回升势头还是会继续下去。

如图 11-4 所示，上证指数的日 K 线图显示，股价震荡上行的过程中，其间出现放量拉升走势。在放量阳线出现之前，两根明显滞涨的十字星形态，表明股指的走势并不很强。而这个时候，上海物贸的放量回升态势更显得明确了。股价快速上扬的走势表明该股非常强势，是当时难得一见的黑马股。

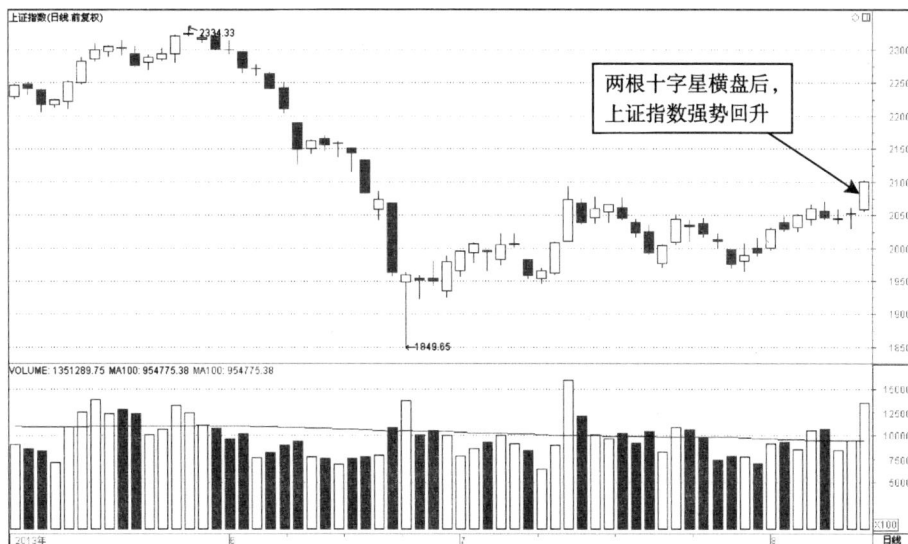

图 11-4　上证指数短线反弹

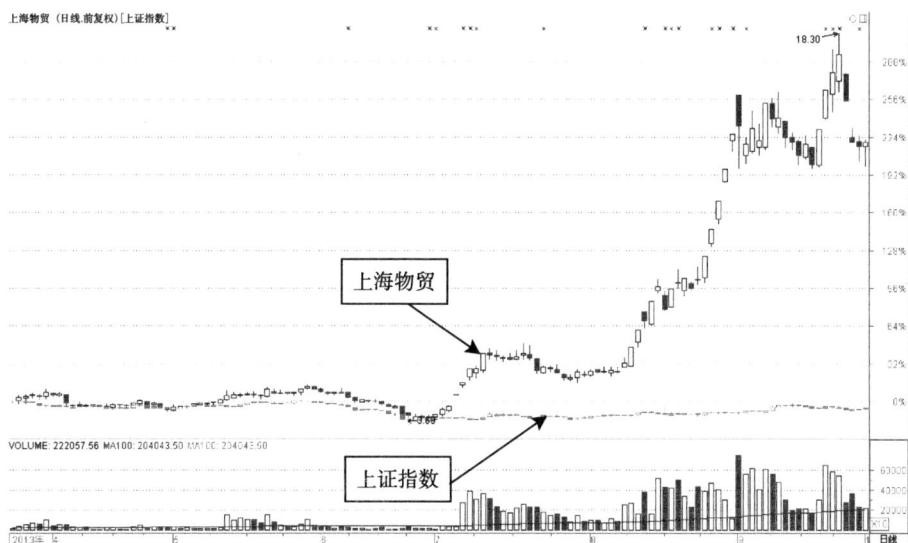

图 11-5　上海物贸强势回升

　　如图 11-5 所示，上海物贸的日 K 线图中，股价强势回升的过程中，该股上涨空间很大。早在 2013 年的 7 月，该股就已经实现了较大涨幅。而在接下来的 7 月底到 8 月初的时候，上海物贸短线回调后明显开始拉升。该股走势始终强于上证指数走势。从买点的角度分析，早在 2013 年 7 月的时候，投资者就能够发现买点了。

白云山A 000522

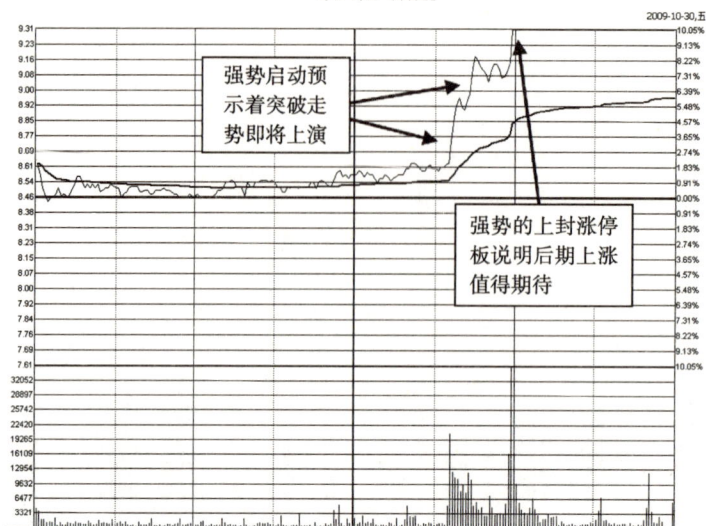

强势启动预示着突破走势即将上演

强势的上封涨停板说明后期上涨值得期待

图 11-6 白云山 A 2009 年 10 月 30 日分时图

上证指数 1A0001

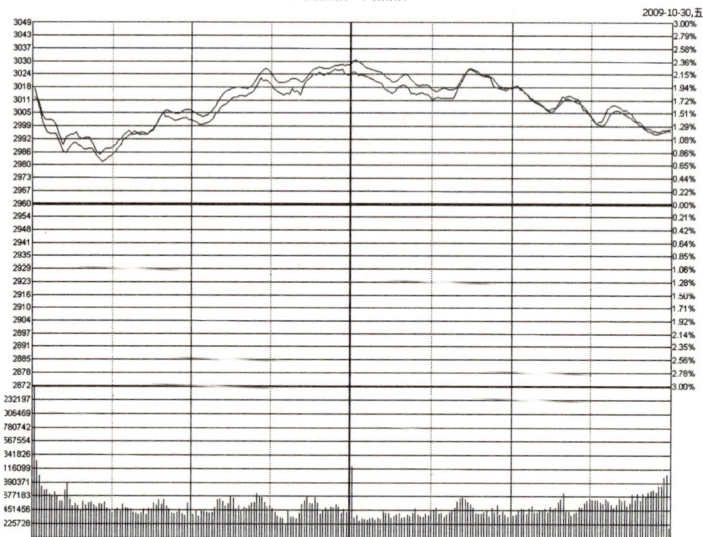

图 11-7 上证指数 2009 年 10 月 30 日分时图

图 11-6 为白云山 A 2009 年 10 月 30 日分时图，图 11-7 为上证指数 2009 年 10 月 30 日的分时图。此股在午后开始了强势启动，股价在短时间内出现大幅拉升，在基于前几日的观察分析基础上，我们就可以及时地判断出这预示着主力有意拉升此股的突破上涨行情的开始，因而，应及时地追涨买

入，以期分享后期可能出现的大幅上涨。

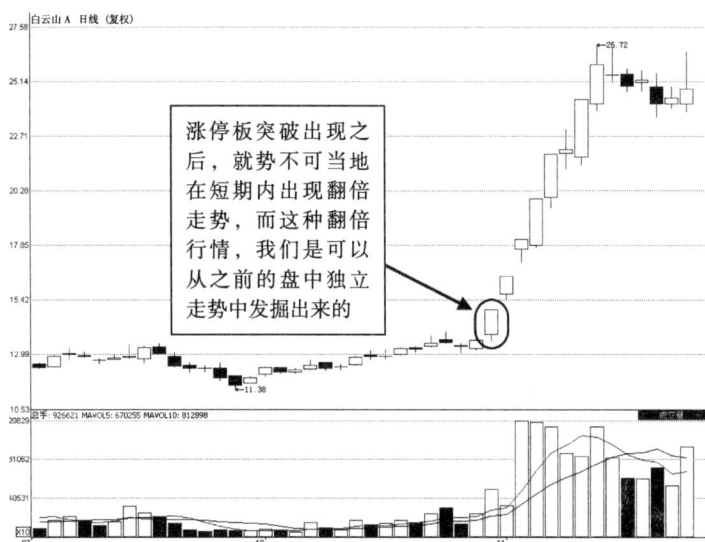

图 11-8　白云山 A 2009 年 10 月 30 日涨停板突破后走势图

图 11-8 为白云山 A 2009 年 10 月 30 日涨停板突破后走势图，此股在出现涨停板突破走势之后，就势不可当地在短期内出现翻倍走势，而这种翻倍行情，我们是可以从之前的盘中独立走势中发掘出来的。

通过本例，读者可以较为细致地了解到如何通过个股的盘中独立走势去发掘那些即将启动的短线黑马。一般来说，我们可以从个股的前期走势情况、盘中主力做多意愿、是否在最近多个交易日出现明显强势形态（以后有同期大盘出现下跌来检验）这几点综合分析个股的盘中独立性及主力的拉升意图，一旦我们发现个股条件具备且出现突破走势时，就应及时介入，分享主力快速拉升所带来的短期收益。

第十招　近水楼台，揽月入怀
——十大流通股东信息中捕捉翻倍黑马

　　虽然主力在股市的行为总是忽隐忽现、神秘莫测，似乎仅从公开的信息中我们无法捕捉到主力的身影。但任何情况总有例外，对于那些行动迅速、所控股票账户数量较多的主力来说，我们的确难以从公开的十大流通股东信息中捕捉到它们的身影，但是，股市中的主力毕竟多种多样，有一些主力并不怕暴露自己的行踪，他们更喜欢的方式是"潜伏"于其中，等待市场中的其他资金去发掘他们的行踪、去发掘上市公司的利好事项，这一类型的主力大多对上市公司极为熟悉，他们要么是实地调研过上市公司、要么是有可靠的消息渠道，相对于消息闭塞、跟风操作的散户投资者来说，这些主力无疑处在一个"近水楼台先得月"的位置上，因此，对于我们普通投资者来说，

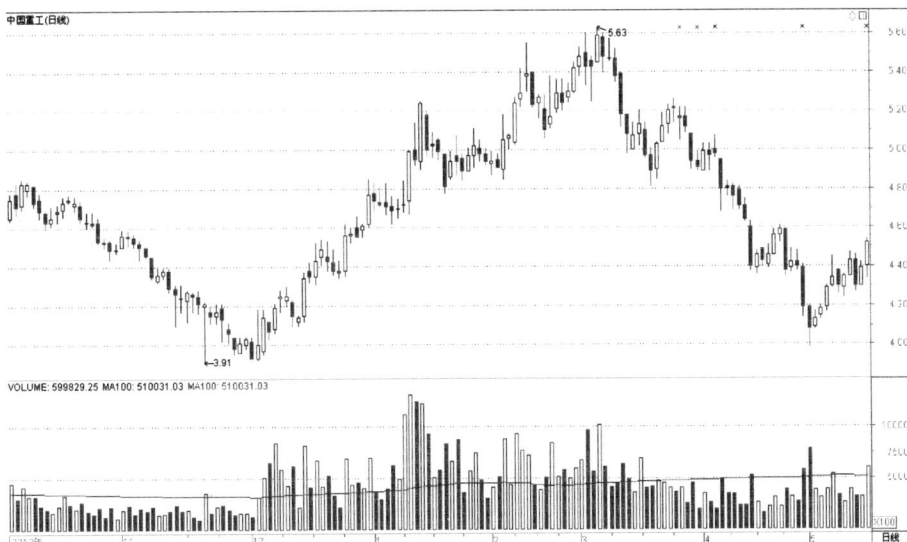

图 12-1　中国重工 2013 年 5 月 16 日前走势图

有的时候不必劳神费力地去分析上市公司的发展前景、业绩情况、大盘走势等信息，我们可以适当地转换一下角度，把重点放在对主力行为的分析上，其中对十大流通股股东变动情况的分析更是我们准确捕捉翻倍大黑马并可以提前布局的重要手段之一。本招式中，我们就来看看如何通过十大流通股股东的信息变动情况去捕捉翻倍黑马，并在高位择机卖出的。

图12-1为中国重工（601989）2012年10月至2013年5月期间走势图，此股在大幅下跌后，于深幅下跌后的低位区出现了止跌企稳形态，从走势形态上，我们可以推知此股的见底趋向，但这是我们本招式中分析的重点，下面我们来看看这时此股的前十大股东给了我们什么样的提示信息。

表12-1中列出了2013年3月31日公布的此股前十大流通股股东息。从这张表中，我们可清晰地看到多数股东持股并未发生变化。特别是主要大股东中的中信证券中国华融投资、全国社会保障基金理事会和鞍山钢铁集团，持有中国重工股票并未变化。既然大股东持有上市公司的股票未发生改变，那么股价的上涨就没有什么不可能了。主力资金介入的时候，中国重工这只股票在随后的6月、7月和8月完成了资产注入。接下来就是该股再次开盘后一字涨停的宏伟场面出现了。

表12-1　中国重工2013年3月31日公布的十大流通股东

十大流通股东（截止日期：2013-03-31　单位：万股）　A户数：160809　人均持股：703

股东名称	持股数	占流通股%		增减情况	股东性质
中国船舶重工集团公司	693131.24	61.30	A股	未变	公司
中信证券股份有限公司	58013.47	5.13	A股	-544.95	证券
中国华融资产管理股份有限公司	39375.01	3.48	A股	未变	公司
全国社会保障基金理事会转持三户	31028.76	2.74	A股	未变	社保基金
鞍山钢铁集团公司	15314.43	1.35	A股	未变	公司
中国建设银行股份有限公司大连市分行	13000.01	1.15	A股	未变	银行
新华人寿保险股份有限公司—分红—团体分红—018L—FH001沪	9483.15	0.84	A股	2184.08	保险理财
中国东方资产管理公司	7915.16	0.70	A股	-293.06	公司
中国工商银行—南方隆元产业主题股票型证券投资基金	7161.00	0.63	A股	-1174.00	投资基金
中国人寿保险股份有限公司—分红—个人分红—005L—FH002沪	5592.58	0.49	A股	新增	保险理财
中国人寿保险股份有限公司—传统—普通产品—005L—CT001沪	5439.49	0.48	A股	退出	保险理财

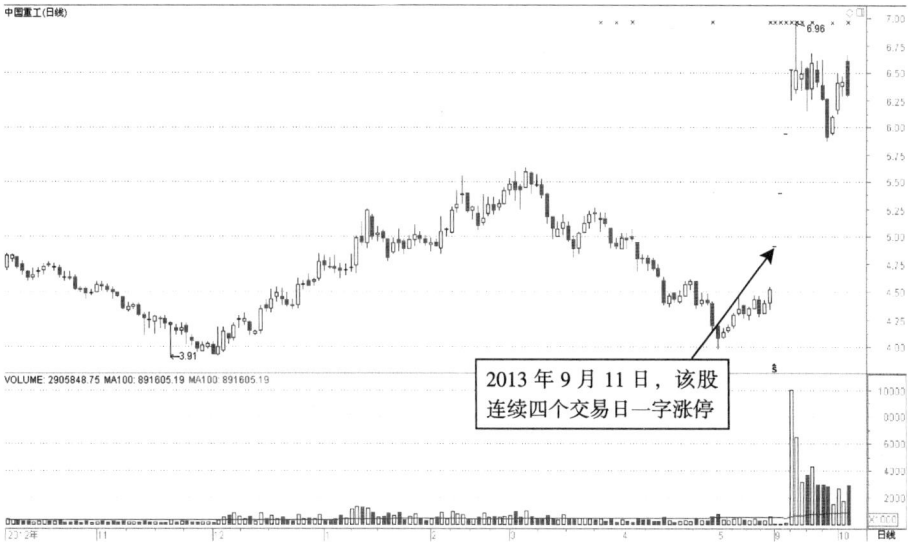

图12-2　中国重工2013年5月16日后走势图

如图12-2所示，在中国重工的日K线图中，该股在5月16日收盘后连续停牌长达三个月时间。在三个月的航母资产注入完成以后，该股再次开盘便以一字涨停的方式连续拉升四个板。利好因素在该股停牌以前就已经被主力发掘。而完成了资产注入以后，股价强势飙升的势头更为明确。该股快速冲击涨停价以后，投资者自然获得利润。跟随大股东的介入，投资者若能够在3月31日公布持仓情况后参与该股，还是能够抓住这一波大行情的。

表12-2为中炬高新2009年6月30日公布的前十名无限售条件股东统计表，从表中可看到，前十名无限售条件股东出现了巨大变动，原来那些地处中山市的主力资金已全线撤离此股，取而代之的是公募基金，公募基金高位接盘此股的原因我们没必要深入探究，仅公募基金很少会大力拉抬股价，而且公募基金控盘的个股中极少会出现明显强于市场整体走势的个股这一客观事实来说，我们就要格外留意此股是否已步入到顶部区了。图12-3为中炬高新2009年6月30日前走势图，从图中可以看到，此股在2009年3月31日再次出现了一波强有力的大幅上涨走势，随后在2009年6月30日之前的较长一段时间内出现了横盘震荡滞涨的形态，如果我们把股价的高位滞涨形态与中山系主力资金全线撤离这两者结合起来，就会得到卖出的信号，此股后期的走势也正是如此，在随后的半年多时间内，再也没有出现过创出新

高的走势。

表12-2　中炬高新2009年6月30日公布的前十名无限售条件股东统计表

前十大股东　　　　　　　　　　股东人数：106374　　　　截止日期：2009-06-30

名　称	持股数（万股）	占总股数	增减情况	股本性质
1. 中山火炬集团有限公司	7765.95	10.72%	1382.50	流通A股
2. 信达投资有限公司	2087.43	2.88%	−482.40	流通A股
3. 中邮核心成长股票型证券投资基金	1978.56	2.73%	新进	流通A股
4. 广州金骏投资控股有限公司	1368.88	1.89%	新进	流通A股
5. 中国太平洋人寿保险股份有限公司	754.14	1.04%	新进	流通A股
分红—个人分红				
6. 金鹰成份股优选证券投资基金	683.15	0.94%	新进	流通A股
7. 金鹰中小盘精选证券投资基金	651.00	0.90%	新进	流通A股
8. 中国太平洋人寿保险股份有限公司	628.99	0.87%	新进	流通A股
传统—普通保险产品				
9. 华商领先企业混合型证券投资基金	399.99	0.55%	新进	流通A股
10. 海通—中行—PORTIS—BANK—SA/NV	396.32	0.55%	新进	流通A股
总　计	16714.41	23.07%		

图12-3　中炬高新2009年6月30日前走势图

表12-3为高淳陶瓷（600562）2009年3月31日公布的此股的前十大流通股东信息，图12-4为高淳陶瓷2009年3月31日前走势图。从表12-3

中，我们可清晰地看到除了自然人以外的几个大股东均是地处江苏省南京市这一地区的，是什么原因促使本地的大资金在大力买入这只本地股呢？一般来说，有两种原因会导致这种情况：一是上市公司即将有重大资产重组等利好消息将公布，上市公司所在地的大资金凭借其近水楼台的优势往往能提前准确地获知这一消息，从而进行布局；二是上市公司通过非公开发行的方式

表 12-3　高淳陶瓷 2009 年 3 月 31 日公布的前十名无限售条件股东统计表

前十名无限售条件股东　　　　　　股东人数：9141　　　　　截止日期：2009-03-31

名　　称	持股数（万股）	占流通股	增减情况	股本性质
1. 南京市投资公司	791.92	12.78%	未变	流通 A 股
2. 高淳县国有资产经营（控股）有限公司	420.45	6.79%	未变	流通 A 股
3. 周爽	144.29	2.33%	新进	流通 A 股
4. 周宇光	93.13	1.50%	4.93	流通 A 股
5. 许磊	90.00	1.45%	新进	流通 A 股
6. 中国外运江苏公司	79.19	1.28%	未变	流通 A 股
7. 刘振伟	63.39	1.02%	未变	流通 A 股
8. 张理国	55.50	0.90%	-3.70	流通 A 股
9. 江苏舜天股份有限公司	53.91	0.87%	未变	流通 A 股
10. 海南金手指房地产交易中心有限公司	41.43	0.67%	未变	流通 A 股
总　　计	1833.21	29.59%		

图 12-4　高淳陶瓷 2009 年 3 月 31 日前走势图

向本地区的机构投资者、财务投资者等进行定向增发以致出现这种情况。由于此股在之前并没有定向增发事项，因而不属于第一种情况，结合当时相传此股将有重大的资产注入事项，因此，我们有理由推断这一传闻并非空穴来风，它已实实在在体现在流通股东的操仓表中。在经过以上分析之后，我们就可以合理推测，此股很可能会在后期有重大资产注入事项发布，而且此时的股价处于见底后缓慢上涨中，上涨的放量及回调时的缩量说明有资金在持续建仓此股，无论是技术面，还是题材股，以及十大流通股东的持筹情况，都说明它具有翻倍的潜力，因而此时就是我们介入的时机。

图 12-5 为高淳陶瓷 2009 年 8 月 11 日前走势图，此股随后因重大事项停牌，并于 2009 年 5 月 22 日复牌交易并公布重大事项："高淳陶瓷：拟通过资产置换及非公开发行方式转型电子信息产业。"这是一个重大主营业务转型，是上市公司即将发生脱胎换骨转变的信号，因此，复牌后就是连续无量涨停板式的翻倍走势，而我们是可以通过分析十大流通股东情况提前介入此股的。

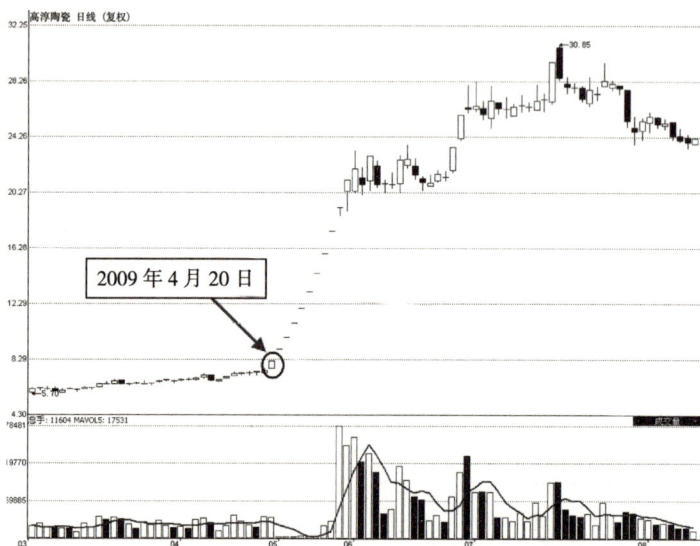

图 12-5　高淳陶瓷 2009 年 8 月 11 日前走势图

第十一招　紫电青芒，拨云见日
——上市公司发布信息中捕捉翻倍黑马

　　紫电的青芒可以在阴云密布中起到拨云见日的效果，同样，投资者的仔细观察、缜密思维一样可以在黎明出现前的市场中发现最有潜质的明星。利空消息未必导致股价持续走低，当市场处于强势运行状态时，往往会对利空消息起到淡化作用；同样，利好消息也未必一定会促使股价出现大涨，当市场处于顶部大幅震荡阶段或是下跌趋势中时，往往会忽视利好消息。当上市公司发生重大事项时，价格的走势不仅受到这一消息的影响，更多的是受制于市场总体的运行趋势，这尤其体现在大盘处于较强势或较弱势阶段时，当市场由于恐慌的情绪而出现整体大幅下跌的走势从而带动相关有利好消息发布的个股时，我们就应仔细留意这一利好消息的重要程度，因为市场不可能一直处于极端的下跌走势中，当恐慌情绪得到缓解，这些有重大事项的个股就会受到市场关注，从而成为翻倍黑马。本招式中，我们就来看看如何通过上市公司已公布信息结合市场实际走势来捕捉翻倍黑马股。

　　图 13-1 为沪东重机（600150：现为中国船舶）2006 年 6 月 14 日至 2007 年 1 月 19 日期间走势图。如图 13-1 标注所示，此股在此期间内两次公布与中国船舶工业集团（以下简称中船集团）有关的重大事项，其中一个事项是 2006 年 11 月 8 日公布的"沪东重机：中国船舶工业集团将成为公司控股股东，公司控股股东沪东中华造船（集团）公司和第二大股东上船澄西船舶公司所持公司'国有法人持股'共计 13985.31 万股将无偿划转给公司实际控制人中国船舶工业集团公司。本次股权划转完成之后，沪东中华造船（集团）公司、上船澄西船舶公司不再持有公司股份，中国船舶工业集团公司将直接持有公司有限售条件流通 A 股共 13985.31 万股，占公司总股本 53.27%，成为公司控股股东"。中国船舶工业集团公司是中央直接管理的特大型企业

集团，是国家授权的投资机构，主要经营范围有国有资产投资、经营管理等。

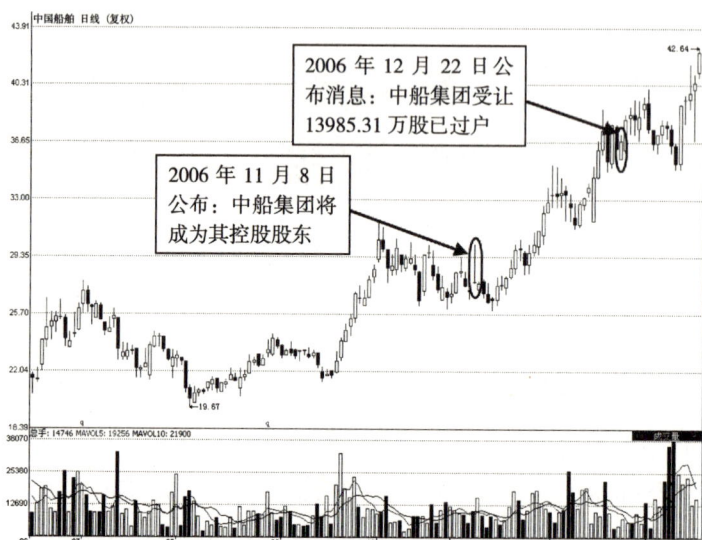

图13-1　沪东重机资产注入前走势图

沪东重机是中船集团旗下的优质资产，沪东重机主营的船用大功率柴油机作为造船的核心部件，对整个中船集团具有极其重要的战略意义。中船集团要求沪东重机2015年船用柴油机产量达到480万马力，船用柴油机本土化率80%以上，继续保持其在国内生产总量60%的份额。达到这个宏伟目标不仅要充分发挥沪东重机在资本市场的优势，还要得到中船集团的全力支持和充分利用中船集团的整体优势。这一消息向我们提供了什么样的信息呢？

在信息中很明确地提到："中船集团要求沪东重机2015年船用柴油机产量达到480万马力，船用柴油机本土化率80%以上，继续保持其在国内生产总量60%的份额。达到这个宏伟目标不仅要充分发挥沪东重机在资本市场的优势，还要得到中船集团的全力支持和充分利用中船集团的整体优势。"很明显，要达到这一目标只有在中船集团的大力扶持下，才有可能胜利完成，那么，沪东重机要如何得到中船集团的扶持呢？资产注入无疑是最好的办法，而且，在此之前中船集团的整体上市意向也极为明确，沪东重机至此成为中船集团中最重要的一部分。在控股沪东重机后，利用沪东重机实现其整体上市也就是顺理成章的事情了。随后，此股于2006年12月22日再次公布消息："沪东重机：中船集团受让13985.31万股已过户。"从受让股份到实际过户，其时间如此短暂可见其效率之高，这也从另一个侧面说明了中船集团整体上市的步伐在加快，因此，对于我们普通投资者来说，在通过分析得出这种结论后，就可以积极布局。

图 13-2 为此股公布资产注入方案后的走势图，如图标注所示，此股于 2007 年 1 月 24 日开始停牌，随后于 2007 年 1 月 29 日复牌交易并公布重大事项："沪东重机：拟以 30 元/股非公开发行不超过 4 亿股，本次非公开发行完成后，将实现中船集团大型民用船舶制造业务、修船业务和船用大功率柴油机制造业务三块核心民品业务的整合，形成一个完整独立的业务运作主体，初步形成中船集团核心民品主业整体上市的平台，增强公司生产能力和盈利能力，为公司实现持续快速发展奠定基础。以募集资金对外高桥、澄西船舶的相关项目进行技改，将增加新的利润增长点，进一步提升公司的核心竞争力。"复牌后就是连续的无量涨停的翻倍走势，而我们是可以在此之前通过所公布的公开事项来捕捉这一资产注入题材下的翻倍黑马股的。

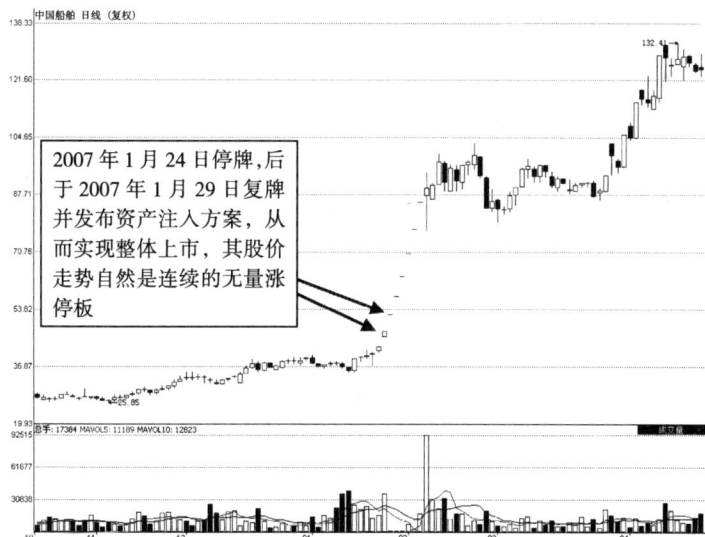

图 13-2　沪东重机资产注入后走势图

图 13-3 为鲁信高新（600783）2007 年 12 月 12 日至 2008 年 11 月 5 日期间走势图，此股在 2008 年 1 月 31 日之前处于高位区的震荡走势之中，随后于 2008 年 2 月 1 日前因公布重大事项而停牌，于 2008 年 9 月 3 日开始复牌交易并公布重大事项："鲁信高新：拟向鲁信集团定向增发 1.7 亿股收购山

东高新 100%股权。山东高新作为一家综合类的创投企业，重点投资于电子信息、生物工程、新材料、机械、化工等产业领域。鲁信高新的原有主营业务为磨具、磨料、耐火材料等生产和销售，属于一般竞争性领域，本次交易完成后，山东高新将成为本公司的全资子公司，本公司将拥有高新投的全部资产和业务，本公司的经营业务得以拓展。除原有的磨具、磨料外，主营业务将增加创业投资业务。本次增发有利于拓宽公司的业务范围和规模，提升公司的盈利能力，增强上市公司的综合竞争力，促进公司的可持续发展。"

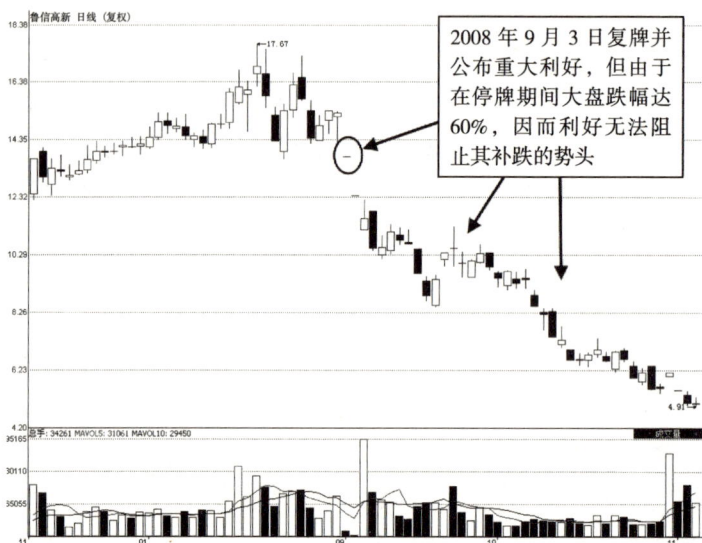

图 13-3　鲁信高新利好公布后走势图

　　鲁信高新是一个股本仅有 2 亿元的中小盘股，因此这一定向增发的规模、增发行为对公司来说无疑是重大的资本结构转型，是属于重大利好性质的消息。至此，鲁信高新就成了沪深两市的创投第一股。如果我们可以考虑到当时创业板并未推出，因而这一增发行为不仅是公司基本面的转型利好，也会是一个炙手可热的创投题材。但由于在此股停牌的 2008 年 1 月 31 日至 9 月 3 日期间，大盘出现了 60%以上的跌幅，整个市场一片恐慌气氛，没有投资者关注这种利好，因而此股随后出现的大幅补跌走势也就在情理之中了。但是，市场总有回暖，当市场开始回暖，而此股又有炙手可热的题材时，其翻倍上涨也就自然是情理之中的事了。那么，我们应该在什么时机去介入此股呢？答案就是在下跌趋势出现反转迹象时，这就需要运用我们的技术分析功底了。

图 13-4 标注了此股深幅下跌后的趋势反转形态，在深幅下跌后，首先是一个明显的放量涨停板提示我们主力已开始有所行动，随后出现的强有力的放量上涨形态，说明开始有资金大力介入此股，这一波强势上涨后的次低位缩量形态更说明了主力的控盘能力极强，目前的持仓力度较大，我们在前面的"白蛇吐信，青龙摆尾——次低位横盘缩量中捕捉翻倍黑马"招式中已对这一形态进行了详细的分析，它是主力大力吸筹后的锁仓信号，说明了个股即将步入升势。

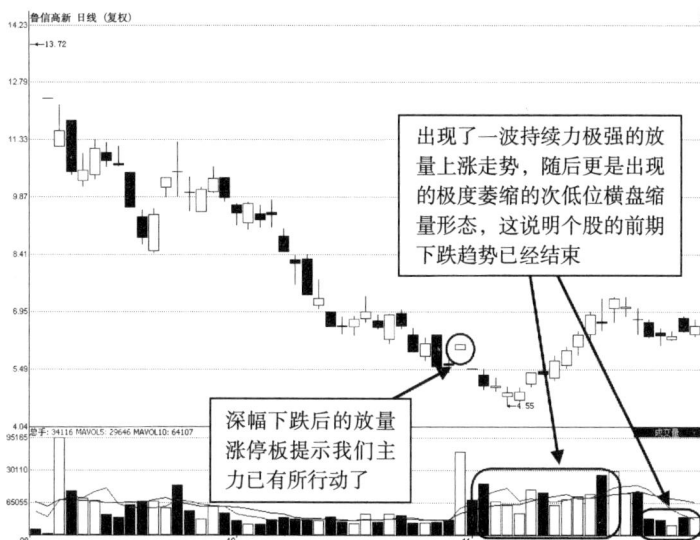

图 13-4　鲁信高新趋势反转示意图

图 13-5 为此股的后期走势图，在次低位横盘缩量形态之后，此股就走出了波澜壮阔的大牛股行情，上涨幅度达数倍之多，且其间少有回调，这足以证明主力的控盘能力之强。而此股在上涨过程中，市场对其所作出的解释也仅仅是前面我们分析过的一个已经"过时"的公开性消息——沪深两市的创投第一股。

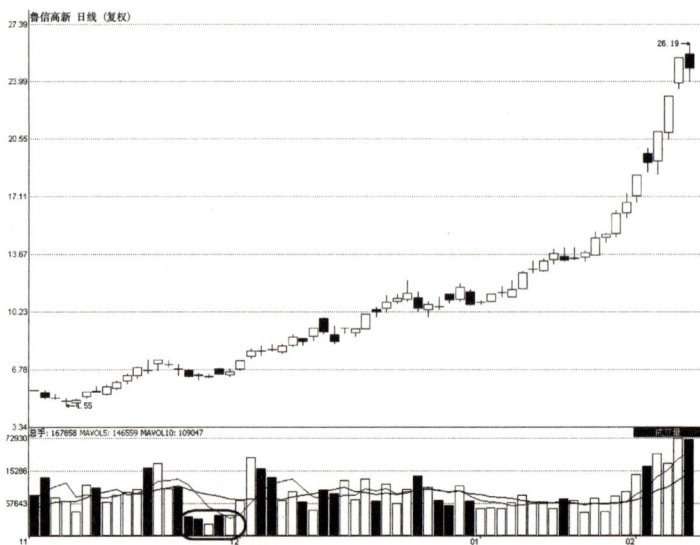

图 13-5　鲁信高新后期走势图

第十二招　电闪雷鸣，后发制人
——联动效应中捕捉翻倍黑马

光的传播速度要远远快于声音，这是自然界的规律，理解了这种规律，我们就可以在闪电出现时预知雷声的出现，这是闪电与打雷之间的因果联系。同样，在股票市场中，也有很多个股存在因果联系，这种联系就体现在某些先启动的个股对与此相关的个股产生带动效应，即有所谓的先涨与后涨的因果联动效应。那么，什么样的个股之间存在明显的联动性呢？一般来说，具有相同或相似主营业务的个股之间存在联动效应。此外，具有相似题材的个股也具有联动效应，由于题材股更容易受到主力资金的热捧、散户资金的追随，因此，在题材股之间的联动中也往往会出现翻倍黑马。

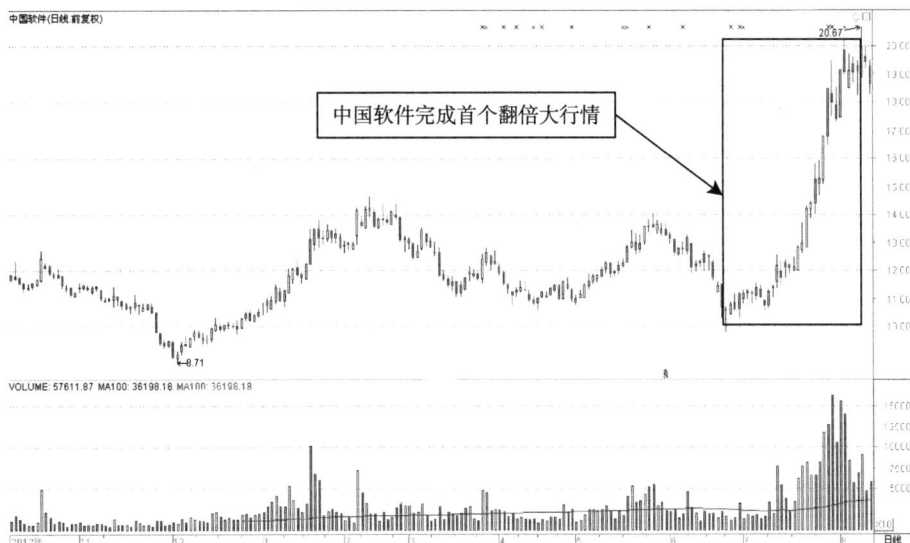

图 14-1　中国软件 2013 年 7 月飙升行情

如图 14-1 所示，中国软件在 2013 年 7 月的上涨趋势还是非常明确的。

股价强势回升的过程中，成交量成本放大的时候，该股上涨空间很大。从后市该股表现看来，投资者能够发现明显的买涨机会。

该股作为软件行业的龙头都能有这样的涨幅，那么相关个股的表现也会非常好。基于板块联动效应，可以选择相似的牛股来持有，还是可以获得不错的利润的。

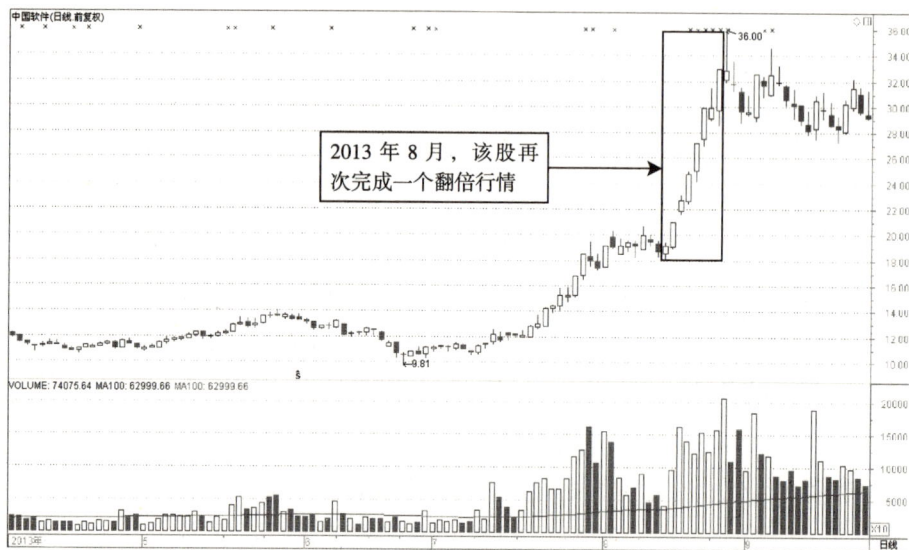

图 14-2　中国软件再次飙升

如图 14-2 所示，中国软件经历了一个翻倍行情后，该股已经处于高位的 18 元附近。在成交量还未明显萎缩的情况下，股价还具备进一步上涨的潜力。图中显示，成交量成倍放大的过程中，投资者能够再次获得一个翻倍行情中的丰厚收益。该股显然已经成为该行业中难得的牛股，而对相关个股的把握也是如此。联动效应必然带动相关个股走出一波较大的回升行情来。

如图 14-3 所示，股价在放量突破以后继续走强，该股虽然在前期上涨空间不大，但接下来的上涨更为出色。连续出现了三次涨停板以后，表明股价上涨潜力惊人。在软件行情联动效应影响下，浪潮软件显然是中国软件这只黑马股后又一强势牛股。

如图 14-4 所示，浪潮软件的价格走势虽然要弱一些，但是在板块联动中，该股累计上涨空间也是很高的。在成交量持续放大的过程中，中国软件已经成功翻 2 倍的基础上，浪潮软件开始发力上攻。把握统一板块中强势牛

股的飙升行情，投资者不会空手而归。黑马股虽然涨幅很大，与黑马相关板
块的牛股上涨潜力也是非常惊人的。

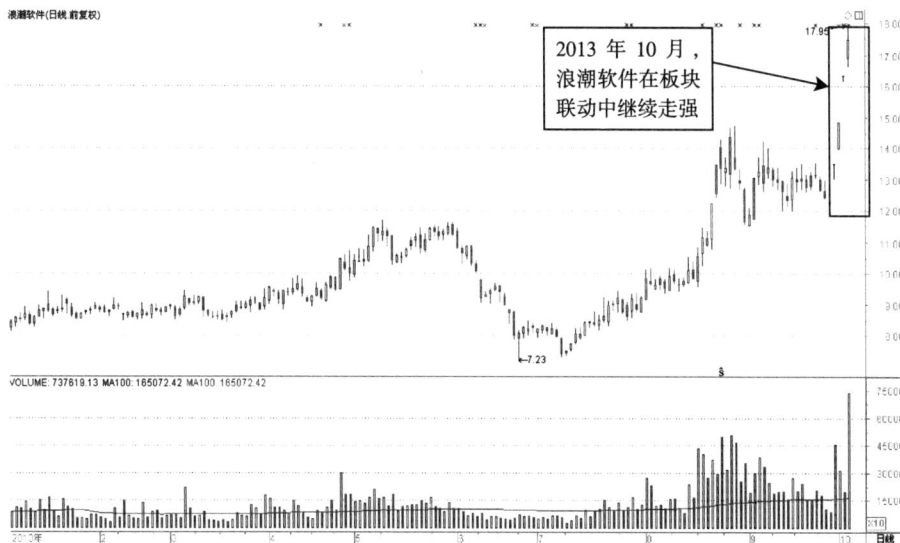

图 14-3　浪潮软件 2013 年 10 月继续走强

图 14-4　浪潮软件 2013 年 10 月继续走强

第十三招　未雨绸缪，金色本质
——通胀预期中捕捉翻倍黑马

经济学中有定论，"适当的通货膨胀有助于经济发展"，这就使得国家很难出现通货紧缩的情况。换句话说，即使是因为经济的周期运行而使得其呈现出一定的紧缩状态，我们也可以断言，这种紧缩必然是极为短暂的，因为国家完全可以通过发行大量货币来防止这种紧缩状态的出现。基于经济学中的定论，"适当的通货膨胀有助于经济发展"，大多数国家可以说是不允许本国出现紧缩状态的，而且借助于历史，我们也可以看到，大多数国家的历史行进过程中几乎都处于一种通货膨胀的状态下，但由于这种通货膨胀较为温和，我们是难以感觉到的；当经济形势下滑时，各个国家势必会通过大量发行货币的方式来淡化紧缩的效果，由于货币的泛滥，对于通货膨胀的预期恐慌自然就成了人们心中的阴影，此时，那些可以有效抵御通胀威胁的黄金类个股受到追捧也就在情理之中了。可以说，当国家大量投放信贷资金用于支持经济建设，从而造成通胀预期的时候，若此时的黄金类个股又正处于大跌后的低位区，则我们完全可以进行积极布局，随着货币刺激方案的不断升级，人们的通胀预期也会更强，黄金类个股就会在这种气氛中受到追捧、实现持续上涨，从而成为通胀预期中的最大赢家，而我们也可以借机从这一通胀预期中成功捕捉到翻倍黑马。

图 15-1 为中金黄金（600489）2008 年 12 月 31 日前走势图，图 15-2 为山东黄金 2008 年 12 月 31 日前走势图，两只个股均处于大幅下跌后的止跌回升形态中，筑底迹象明显。我国于 2008 年 11 月发布了"4 万亿元经济振兴方案"，这一刺激方案是针对 2008 年全球经济危机所带来的不利于经济发展的局面实施的，而且在此期间各国政府也相继出台了大量的刺激方案。如果留意新闻，我们在此期间是可以经常听到动辄"几千亿美元的刺激方

案"或是"几千亿英镑的刺激计划"。所谓的刺激方案就是指加大货币供应量用于支持经济建设，因此，我们是可以提前预计到全球在如此之大的刺激方案下必将导致后期出现通胀预期，股市不可能一直下跌，经济危机也只能是暂时的。当风暴过后，人们就会在这种情况下形成明显的通胀预期，而且，在 2008 年年末之前的黄金类个股处于深幅下跌后的低位止跌企稳走势

图 15-1 中金黄金 2008 年 12 月 31 日前走势图

图 15-2 山东黄金 2008 年 12 月 31 日前走势图

中，无论是从技术层面的见底形态，还是从分析得到的通胀预期都是我们介入黄金个股的充足理由。

图 15-3 为中金黄金 2009 年 1 月至 9 月期间走势图，图 15-4 为山东黄金 2009 年 1 月至 9 月期间走势。从这两张图中可以看到，在 2009 年全球通胀预期普遍升温的情况下，这两只黄金类个股的走势也是极为凌厉的，都走出了数倍的涨幅，而这种上涨既不是源于业绩的提升，也不是源于重大的资产注入事项，它仅仅是由大众的一种"预期"导致的，这种预期就是通胀预期。

图 15-3　中金黄金 2009 年 1 月至 9 月期间走势图

图 15-4　山东黄金 2009 年 1 月至 9 月期间走势图

第十四招　孤星流光，出手飞镖
——周 K 线"金叉"中捕捉翻倍黑马

镖，在武林中既可以成为主要兵器，也可以成为令人防不胜防的暗器，飞镖的快速、灵活与出其不意都不是刀、剑等常规兵器可以比拟的。不同的技术指标反映了市场不同方面的运行特征，而且每一种技术指标都包含了其相应的买入、卖出信号，它们就是我们展开短线操作时的"飞镖"。移动平均线 MA、指数异动平滑平均线 MACD 等指标的形态可以有效地帮助我们识别价格运行的大趋势，在利用各式各样的技术指标开展短线之前，了解价格运行的大趋势，无疑将会使我们出手的飞镖更为精准。每一种技术指标都有其特定的含义，所反映的市场特征也不尽相同，但是，大多数指标在给出具体的买入信号时，却提供了一种极为相似的方法，这种方法就是"金叉"。

"金叉"一般来说就是在技术指标窗口，波动较为迅速的短期指标线向上交叉并穿越中长期指标线的形态。一般来说"金叉"为买入信号，例如 MACD 指标有"金叉"形态，KDJ 指标也有"金叉"形态，还有很多其他的指标也依然有"金叉"的形态。掌握了"金叉"买入方法，我们就相当于掌握了飞镖出手、一击制胜的方法，在应用各种技术指标时也能够更为娴熟。虽然投资者往往对"金叉"形态较为熟悉，但是却仅仅是将其应用于日 K 线图中，在日 K 线图中，由于时间周期较短，金叉形态过于频繁，更适合短期的波段操作，并不适宜用在捕捉翻倍黑马股的身上，本招式周 K 线"金叉"中捕捉翻倍黑马是笔者依据大量实战经验经过分析之后总结出来的纯粹的技术分析方法。周 K 线"金叉"形态并不常出现，但是一旦出现，则就如"孤星流光，出手飞镖"一般，往往预示着价格的翻倍行情。可以说，应用这一方法捕捉翻倍黑马的概率极高。下面我们结合实例来看看如何应用这一招式。

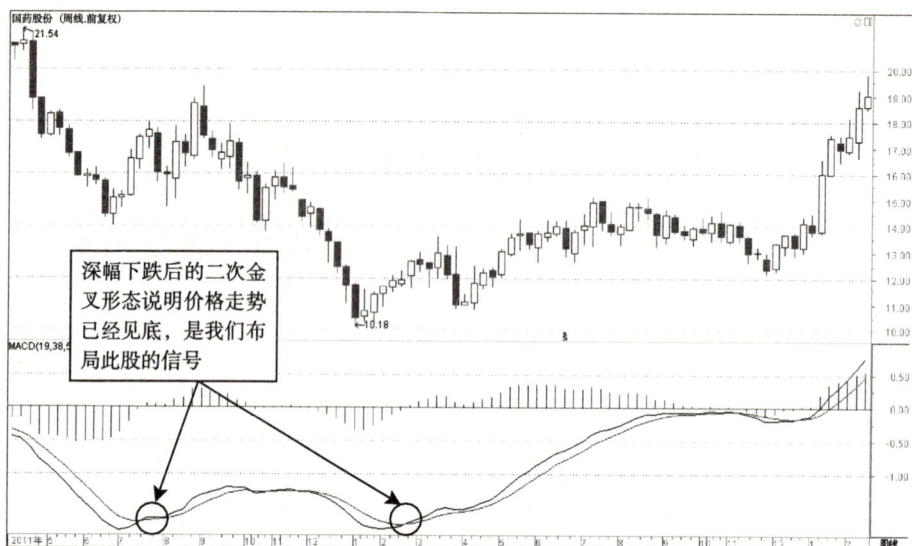

图 16-1　国药股份深跌后的 MACD 二次金叉示意图

　　图 16-1 为国药股份（600511）2011 年 4 月至 2013 年 2 月期间的周 K 线走势图。值得注意的是，本图中的每一根 K 线均代表了这一周的走势，其时间周期为周，这与我们上面例子中所讲的日 K 线图的时间周期是完全不同的。如图标注所示，可以看到在此股的下跌途中，MACD 指标窗口中的 DIFF 线始终运行在 DEA 线的下方，从周 K 线的 MACD 形态中，我们可以清晰地看到下跌趋势的运行，随后，在深幅下跌后，DIFF 线开始向上穿越 DEA 线，显然，第一次穿越是不成功的，DIFF 线并没有有效地运行于 DEA 线的上方；但是第二次的穿越却极为有效，它已开始明显地运行在 DEA 线的上方，且这时股价也出现了止跌企稳的形态，这是 MACD 二次金叉形态。这种周 K 线图中的 MACD 二次金叉形态是抄底的明确信号，由于深幅下跌后进入底部区的个股在随后多会走出翻倍行情，因此，与其说这一招式是捕捉翻倍黑马股的方法，还不如说它是我们成功抄底的信号。至于我们是应在第一次金叉形态时介入，还是应在第二次金叉形态时介入，则有赖于当时的走势，只有当金叉形态形成（DIFF 线有效地站稳于 DEA 线的上方）且股价也出现了止跌企稳走势时，我们才可以全仓介入。

　　图 16-2 为中国远洋（601919）2007 年 6 月 20 日至 2009 年 8 月 7 日期间周 K 线走势图，此股在深幅下跌后出现 MACD 金叉形态，且随后 DIFF 线

有效站稳于 DEA 线的上方，股价也出现止跌企稳走势，这就是我们介入此股的最佳时机。

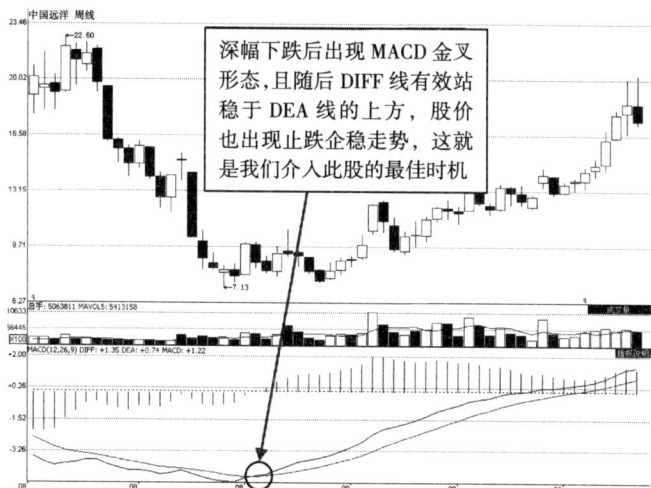

深幅下跌后出现 MACD 金叉形态，且随后 DIFF 线有效站稳于 DEA 线的上方，股价也出现止跌企稳走势，这就是我们介入此股的最佳时机

图 16-2　中国远洋深跌后 MACD 金叉示意图

图 16-3 为汉商集团（600774）2010 年 3 月至 2013 年 3 月期间周 K 线走势图，此股在深幅下跌后出现 MACD 金叉形态，且随后 DIFF 线有效站稳于 DEA 线的上方，股价也出现止跌企稳走势，这就是我们介入此股的最佳时机。

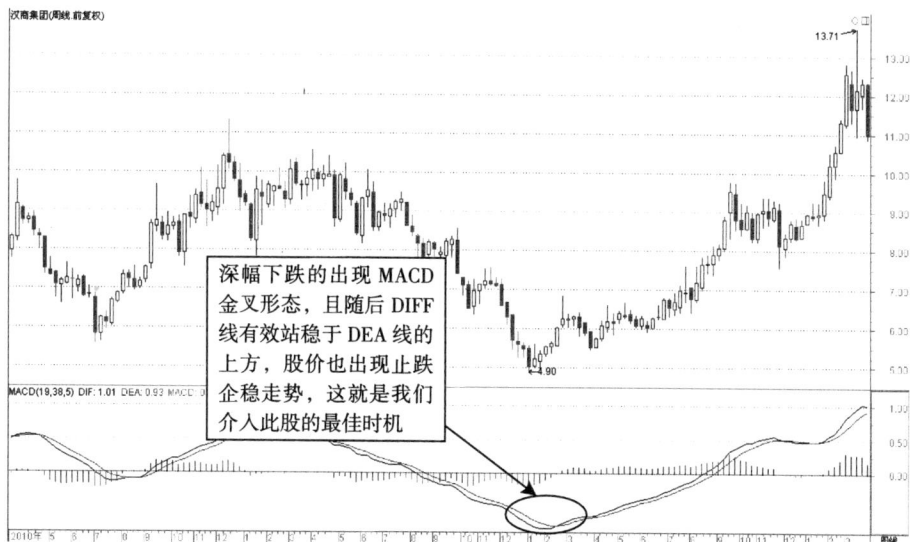

深幅下跌的出现 MACD 金叉形态，且随后 DIFF 线有效站稳于 DEA 线的上方，股价也出现止跌企稳走势，这就是我们介入此股的最佳时机

图 16-3　汉商集团深跌后 MACD 金叉示意图

第十五招　七星破月，凤舞九天
——从涨停突破中捕捉翻倍黑马

股价能否升高，取决于主力的控盘强力是否强大，而体现主力控盘能力强大的显著标志就是涨停板。涨停板出现的原因各种各样，有受利好消息带动而出现的涨停板，有的则纯粹是主力运作下出现的涨停板。想知道个股出现涨停板后是否能有好的行情或者说翻倍行情，我们要分析涨停板出现的原因。一般来说，借利好消息出现的涨停板，除非是重大利好导致的连续无量涨停，否则是难以有大幅飙升行情出现的，而主力运作下的涨停则不同，它是主力控盘能力强的体现，也是主力做多意愿坚决的体现，这样的个股其后的上涨潜力是较大的；此外，我们还要关注涨停板出现之前个股的走势，那些出现在连续大幅上涨之后的涨停板仅仅说明了股价还在上行，难以预示涨停后期的潜力如何，也无法揭示出主力的继续做多意愿如何，这种涨停板并不是我们要分析的，而那些出现在相对低位盘整之后的预示个股突破盘整区的涨停板形态，则无疑能很好地揭示主力的拉升意愿，预示着后期上涨潜力巨大。在本招式中，我们重点关注那些在相对低位区盘整之后所出现的涨停板突破形态。

图 17-1 为嘉寓股份（300117）2012 年 6 月至 2012 年 12 月期间走势图，此股在上升途中的盘整走势之后，于 2012 年 12 月 7 日出现了一个明显的放量涨停突破形态，而此前该股在相当长的时间内并没有出现过涨停板，因此可以说这一涨停板的意义重大。此股当日既无利好，也无板块联动效应，我们对涨停板成因能做出的解释只能是主力依据其控盘能力而运作形成。

图 17-2 为此股 2012 年 12 月 10 日的分时图，从图中可以看出，此股在早盘开盘后，于 10 点 30 分之后出现快速流畅的上封涨停板走势，成交量也出现了一个"小山堆"形。从这种形态中，我们可以明显地看出主力运作的

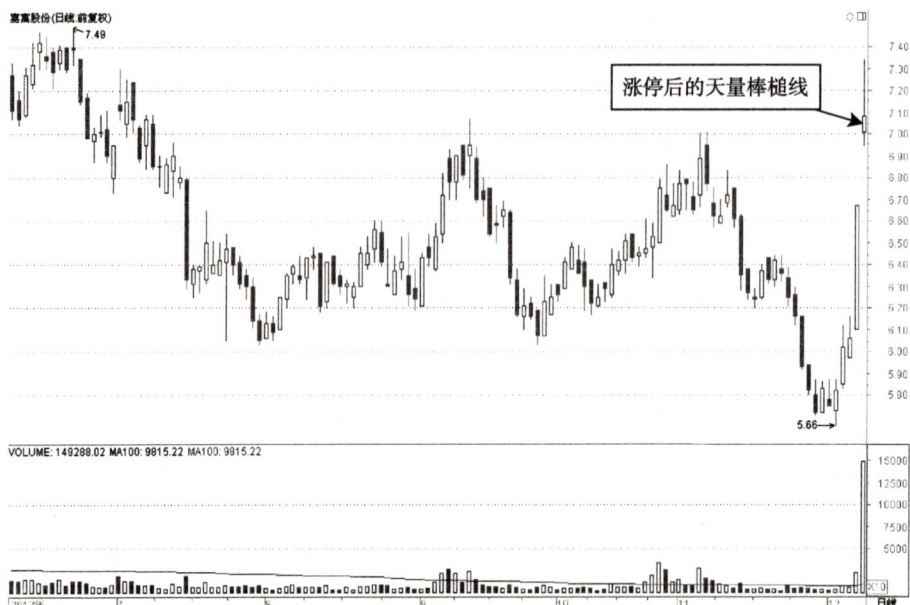

图 17-1　嘉寓股份涨停板放量突破示意图

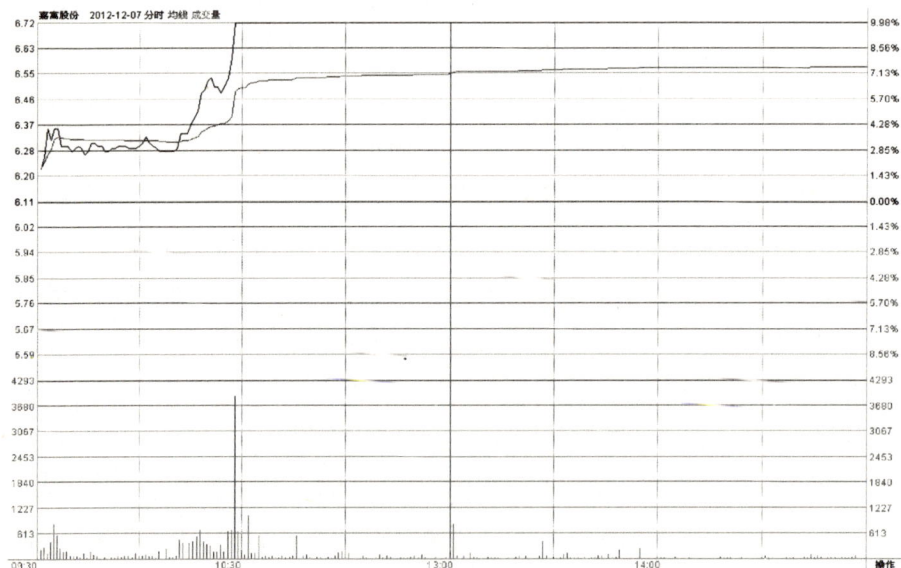

图 17-2　嘉寓股份 2012 年 12 月 10 日分时图

迹象，而此股目前的累计涨幅较小，因此，我们可以断定这一涨停板形态是主力做多的体现，它说明个股即将结束盘整走势，从而步入主力大幅拉升阶段。而我们若在当天错过了介入机会，就应积极关注此股，争取可以在这一波突破后回调时的相对低点介入。图17-3为此股涨停板突破后的走势，在经过突破后的短暂横盘调整后，此股就正式步入了大幅上涨的通道之中，而此股在涨停突破后的回调走势就是我们的最佳介入时机。

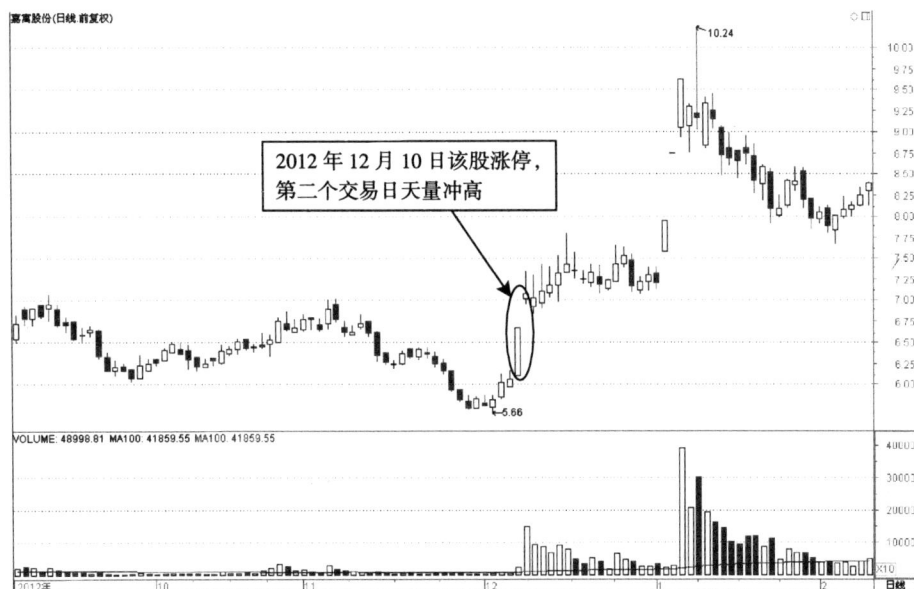

图17-3　嘉寓股份涨停板突破后走势图

　　图17-4为中国医药（600058）2009年3月4日至9月17日期间走势图，此股在上升途中的盘整走势之后，于2009年9月17日出现了一个明显的放量涨停突破形态，考虑到此股之前持续震荡盘整走势且累计涨幅不大这一情况。可以说，这一涨停板的意义重大，此股当日既无利好，也无板块联动效应，我们只能解释为主力依据其控盘能力而运作出的这个涨停板，它说明个股即将结束盘整走势，从而步入主力大幅拉升阶段。而我们若在当天错过了介入机会，就应积极关注此股，争取可以在这一波突破后回调时的相对低点介入。可以说，由于前期涨停突破走势明确，主力做多意愿坚决，因此，此时回调后的低点就是我们介入的最好时机。如图17-4所示，可以看到，此股在此后走出了翻倍行情，而这种翻倍行情已提前体现在此股的2009年9月17日的放量涨停突破走势之中。

图 17-4　中国医药放量涨停板突破示意图

图 17-5 为此股放量涨停突破后走势图，此股在这一涨停突破后，由于受大盘短期快速下跌的联动而出现了一波明显的回调，可以说，由于前期涨停突破走势明确，主力做多意愿坚决，因此，此时回调后的低点就是我们介入的最好时机。可以看到，它在此后走出了翻倍行情，而这种翻倍行情已提前体现在此股 2009 年 9 月 17 日的放量涨停突破走势之中。

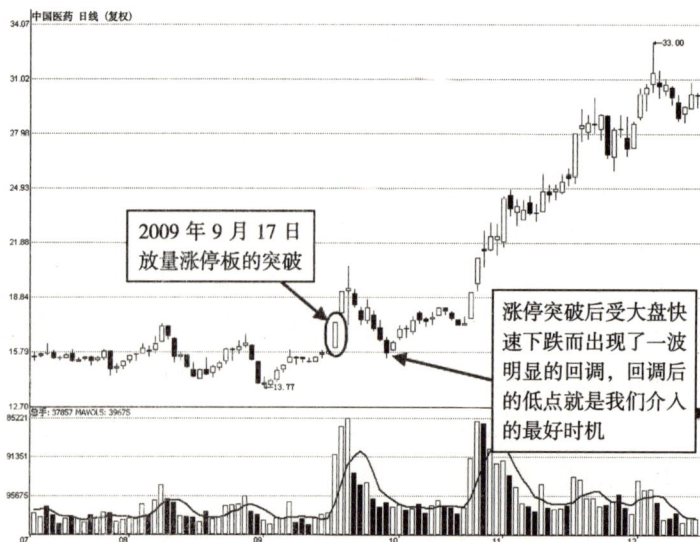

图 17-5　中国医药涨停板突破后走势图

下 部

捕捉黑马股——综合实战篇

在上部中，我们讲解了一些技术理论，这些技术理论是捕捉翻倍黑马股所必须要掌握的知识。在中部，我们通过各种招式来讲解如何去捕捉翻倍黑马股，这既包含对于上部中已提到过的知识的运用，也包括一些在上部中未提到过的知识。但是我们在中部的讲解中，仅是从局部的角度出发并以单一的招式来分析翻倍黑马股的局部特征，由于单一的招式往往仅表现了个股运行中的局部特点，其准确率自然不如综合运用多种招式来捕捉翻倍黑马股这一综合性的手段。因此在下部中，我们将通过运用多种招式、以一种综合性的分析手段来捕捉翻倍黑马股，笔者也希望它可以起到抛砖引玉的作用，让读者真正融会贯通地理解我们在中部所讲的各种招式，并能相互结合着运用于捕捉翻倍黑马股的实战之中。

黑马股战例综合解析 1
——中恒集团实战解析

图 18-1 为中恒集团（600252）2008 年 3 月 4 日至 2009 年 1 月 4 日期间走势图，此股在深幅下跌后出现了止跌企稳回升的走势，同时成交量开始持续放出，这一形态符合第一招"打马立桩，气沉丹田——低位平台区放量捕捉翻倍黑马"。在第一招中，我们介绍过，深幅下跌后的低位区出现止跌回升的走势并伴以成交量的持续放出是资金持续流入个股的迹象，而且多代表着主力资金的持续流入，它意味着多空双方的实力已开始发生根本性的转变，是个股阶段性底部出现的标志，也是我们捕捉翻倍黑马的标志。

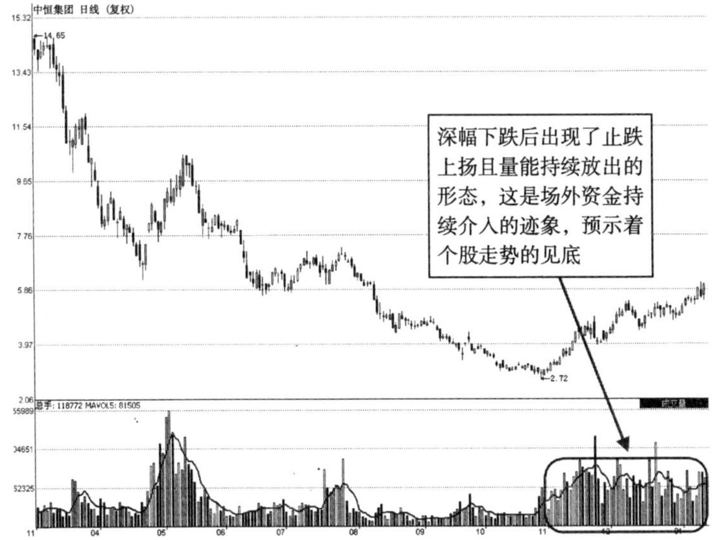

深幅下跌后出现了止跌上扬且量能持续放出的形态，这是场外资金持续介入的迹象，预示着个股走势的见底

图 18-1　中恒集团深跌后企稳放量示意图

图 18-2 为中恒集团 2008 年 1 月 25 日至 2009 年 1 月 14 日期间走势图，如图标注所示，在此股深幅下跌后的探底及回升阶段，其每笔均量相对于前

期而言表现出明显的放大效果，在第四招"小李飞刀，意行刀前——每笔均量中捕捉翻倍黑马"中，我们介绍过，低位区的每笔均量出现攀升是主力资金开始建仓个股的表现，得到主力资金关注的个股自然会有很好的潜力。而此股若又是处于低位区，则其潜力将更为惊人。而且此股在前期的下跌途中出现过一次持续时间较长、量能放大效果极为明显的反弹走势，并在随后下跌过程中的盘整走势中也出现了明显的放量形态，这种明显的异动走势及量能异动形态可以从另一侧面验证"此股确有主力入驻其中"。

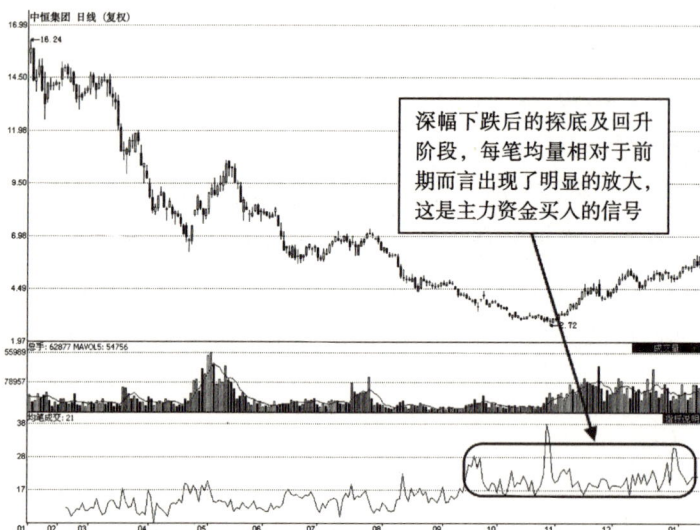

图 18-2　中恒集团止跌回升阶段每笔均量示意图

图 18-3 为中恒集团 2007 年 10 月 19 日至 2009 年 2 月 6 日期间周 K 线走势图，此股在深幅下跌后，MACD 出现金叉形态，并且随后 DIFF 线有效地站稳于 DEA 线上方，在第十四招"孤星流光，出手飞镖——周 K 线'金叉'中捕捉翻倍黑马"中，我们介绍过，这一形态是个股下跌趋势结束的信号，是个股见底的信号，也是我们中长线开始布局的信号。底部是一个极低的位置区间，即使没有强控盘主力运作，仅凭在市场的随波逐流，其后期也是极有可能走出翻倍行情的，若有主力运作此股，则后期的涨势会更为惊人。

通过以上的综合分析，我们可以得出明确的结论，此股已完全具备了成为翻倍黑马的条件，因而在操作上就应积极布局、耐心等待主力来拉升此股。图 18-4 为此股 2009 年 1 月 14 日之后的走势图，此股随后借大盘出现回暖走势之机，主力开始强势拉升此股，其累计涨幅达数倍之多。

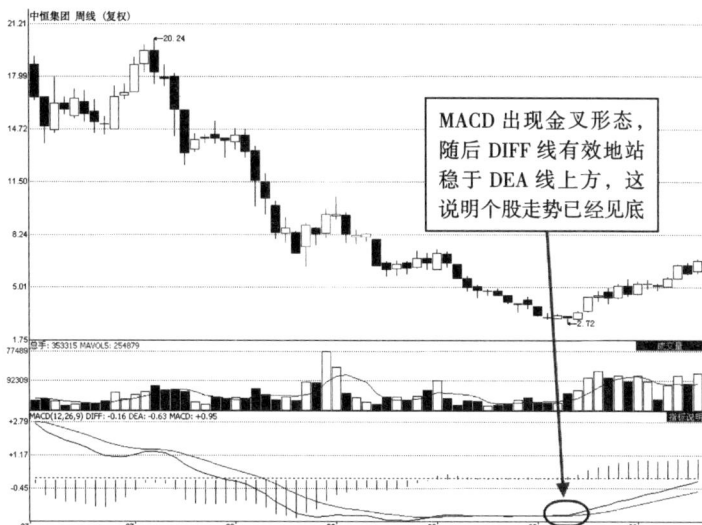

图 18-3　中恒集团深幅下跌后 MACD 金叉示意图

图 18-4　中恒集团 2009 年 1 月 14 日之后走势图

黑马股战例综合解析 2
——北京城建实战解析

    图 19-1 为北京城建（600266）2008 年 2 月 18 日至 12 月 24 日期间走势图，此股在深幅下跌后出现了止跌企稳回升的走势，同时成交量开始持续放出，并且第二波的止跌回升走势中，虽然股价的上涨幅度不大，但是量能放大却非常明显，这一形态符合我们前面讲到过的第一招"打马立桩，气沉丹田——低位平台区放量捕捉翻倍黑马"。在第一招中，这种深幅下跌后的低位区出现止跌回升的走势并伴以成交量的持续放出是资金持续流入个股的迹象，而且多代表着主力资金的持续流入，它意味着多空双方的实力已开始发生根本性的转变，是个股阶段性底部出现的标志，也是我们捕捉翻倍黑马的标志。

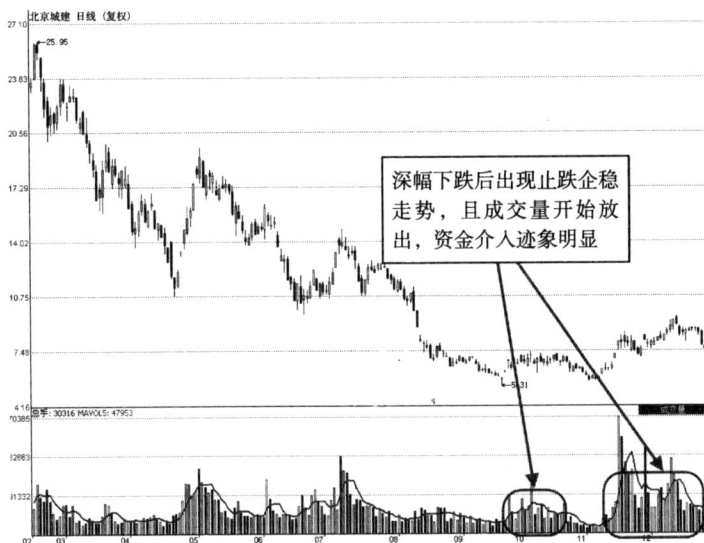

图 19-1　北京城建深跌后企稳放量示意图

　　图19-2为此股2008年7月22日至2009年2月2日期间走势图，可以看到，此股在2009年2月2日之前处于次低位横盘缩量形态之中，这一次低位横盘缩量形态与之前的止跌回升走势中的放量上涨形成了效果鲜明的对比，我们在第三招"白蛇吐信，青龙摆尾——次低位横盘缩量中捕捉翻倍黑马"中介绍过这一形态，次低位的缩量横盘既是主力快速吸筹后的锁仓行为的表现，也是主力在拉升前洗掉市场浮筹的手段，次低位横盘缩量形态所持续的时间往往并不长，但是在主力的维持下，其波动幅度往往较小，由于个股在之前的一波上涨走势中势必会产生一些获利浮筹，因此，对一些已经获利且耐性较差的投资者来说，在看到个股出现这种"无利可图"的窄幅震荡形态时，往往会产生获利了结的愿望。于是，通过次低位的横盘走势，主力可以有效地洗掉这些在随后的拉升中可能会对其形成阻碍的获利浮筹。因此，我们可以说，次低位横盘缩量形态不但是主力建仓、锁仓行为的标志，而且往往也是个股启动前的洗盘标志，它的出现说明主力资金已强势入驻个股，并在等待时机进行拉升，这种股票一旦启动，其涨幅往往十分惊人。通过这一形态，我们可以有效地识别出主力对于此股正在控盘这一信息，并可以预期到它随之将出现的上涨行情。

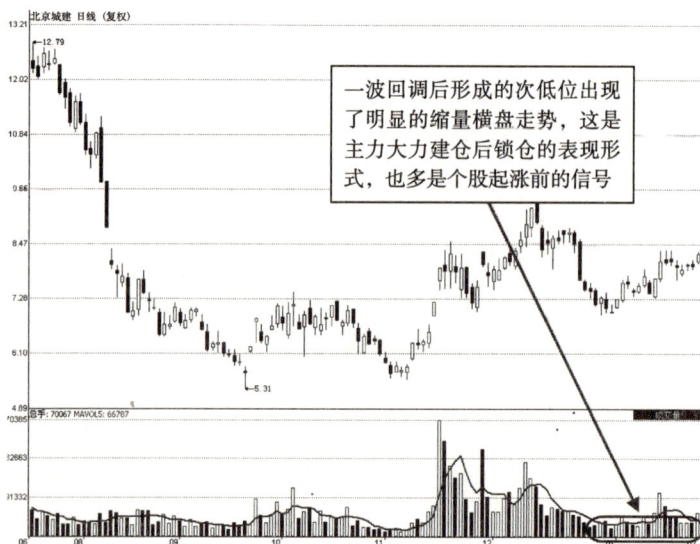

图19-2　北京城建次低位横盘缩量形态示意图

图 19-3 为此股 2008 年 11 月 7 日前的局部走势图，图 19-4 为上证指数 2008 年 11 月 7 日前的局部走势图。通过图中标示可以看出，在 2008 年 11 月 7 日前一波下跌过程中，大盘指数出现了再度下跌，而此股却没有随之创出新低，其走势明显强于同期大盘，在第九招"惊涛骇浪，我行我素——盘

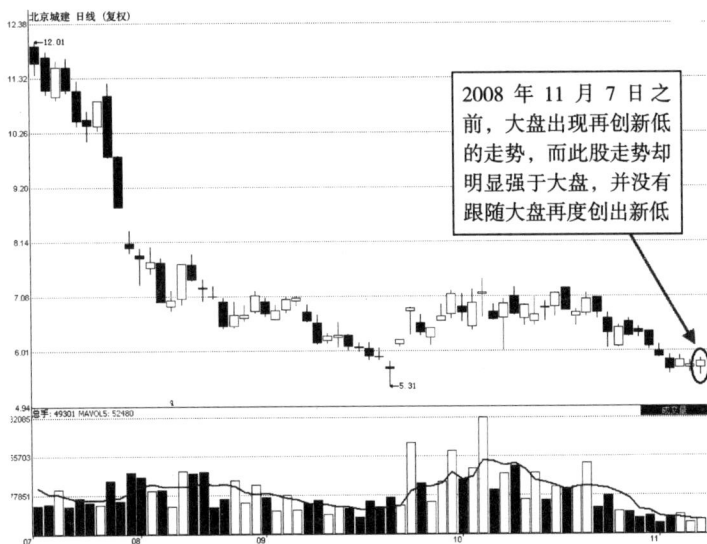

图 19-3　北京城建 2008 年 11 月 7 日前局部走势图

图 19-4　上证指数 2008 年 11 月 7 日前局部走势图

中独立走势中捕捉翻倍黑马"中，我们曾经介绍过这种独立的强势运行走势多是主力运作的结果，当这种独立的走势出现在相对的低位区时，多表明主力有较强的做多意愿，这是我们捕捉翻倍黑马的重要信号之一。

图19-5为此股2008年5月15日至2009年1月8日期间走势图，如图标注所示，在此股深幅下跌后的探底及回升阶段，其每笔均量相对于前期而言表现出明显的放大效果，在第四招"小李飞刀，意行刀前——每笔均量中捕捉翻倍黑马"中我们介绍过，低位区的每笔均量出现攀升是主力资金开始建仓个股的表现，得到主力资金关注个股自然会有很好的潜力，而此股若是又处于低位区，则其潜力将更为惊人。

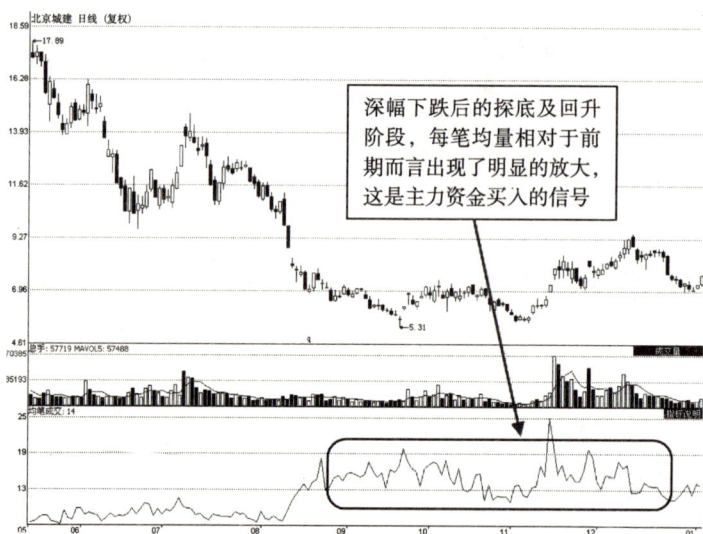

图19-5 北京城建止跌回升阶段每笔均量示意图

如果我们查看此股的前期重大事项，就可以发现它在此时还是一只定向增发后的破发股，此股在2007年2月5日发布消息："北京城建：以8.50元/股非公开发行14100万股A股。"而在此股经历了2008年的大幅下跌后，在深幅下跌后的止跌企稳区间是位于8元下方，即此股处于破发状态，因而，在这种状态下，在主力资金及破发资金的大力推动下，其后期走势是值得期待的。

而且，如果我们查看它的公开资料还可以发现它有很好的炒作题材：北京城建持股30%的深圳市中科招商创业投资有限公司注册资本4亿元，是国内首家由政府批准成立的以受托管理创业资本为主营业务，按照基金管理公司模式运作的专业化创业投资（基金）管理公司。目前管理着数十只创投基金，主要投资高成长未上市公司股权。该公司 2009 年上半年实现净利润 188.66 万元。由于此时创业板并未推出，因而创投题材无疑也是此股成为翻倍黑马股的亮点之一。

此外，2008 年 9 月 25 日上市公司公告："北京城建：控股股东增持公司股份 100000 股。"这种控股股东二级市场的增持行为无疑也从另一侧面说明了股价已处于明显的低估状态。

综合以上分析，我们发现此股既有极好的技术面支撑，又有定向增发破发保证其股价的低估性，也有可供炒作的题材，因此，此股已完全具备了成为翻倍黑马的条件，在操作上我们就应积极布局，耐心等待主力来拉升此股。图 19-6 为此股 2009 年 1 月 12 日之后的走势图，此股随后借大盘出现回暖走势之机，主力就开始强势拉升此股，其累计涨幅达 3 倍之多。

图 19-6　北京城建 2009 年 1 月 12 日之后走势图

参考文献

[1]［美］罗伯特·雷亚，3www 译. 2008. 道氏理论，北京：地震出版社，2008.

[2]［美］史蒂夫·尼森，丁圣元译. 日本蜡烛图技术，北京：地震出版社，2003

[3]［美］费舍著，冯冶平译. 怎样选择成长股，北京：地震出版社，2007.

[4]江恩著，武京丽译. 江恩华尔街选股术，天津：天津社会科学院出版社，2012.

[5]［美］安东尼.波顿著，黄芳译. 安东尼·波顿教你选股，北京：中信出版社，2008.

[6]［美］纳维里尔著，刘寅龙译. 怎样选择成长股——持续获利选股 8 大指标，广州：广东经济出版社，2009.

[7]黄凤祁. 操盘大赢家：选股就选黑马股，上海：上海财经大学出版社，2012.

[8]徐子城. 股市天元——准确捕捉黑马股，北京：地震出版社，2006.

[9]奥德著，益智译. 量价秘密：趋势、板块、黑马股操作宝典，上海：上海财经大学出版社，2009.

[10]方汗. 短线猎杀黑马——短线精选黑马股实战赚钱技法，汕头：汕头大学出版社，2011.

[11]阿文. 巧捕黑马：新股民选股技巧，北京：经济管理出版社，2007.

后　记

　　本书所总结出的招式都建立在笔者大量的实盘经验之上，是一种经验的总结，希望可以启发读者的思维。在讲解叙述过程中，笔者力求完整地再现黑马股启动前方方面面的特征，但基于笔者能力有限，无法完整地再现黑马股的所有特征，但本书无疑可以为读者打开捕捉翻倍黑马股之门，笔者也希望本书可以充当钥匙的功能，为读者打开获利之门。

图书在版编目（CIP）数据

捕捉翻倍黑马十五招/李凤雷著. —2 版. —北京：经济管理出版社，2014.9
ISBN 978-7-5096-3200-0

Ⅰ.①捕… Ⅱ.①李… Ⅲ.①股票交易—基本知识 Ⅳ.①F830.91

中国版本图书馆 CIP 数据核字（2014）第 143306 号

组稿编辑：王格格
责任编辑：勇　生　王格格
责任印制：黄章平
责任校对：赵天宇

出版发行：经济管理出版社
　　　　　（北京市海淀区北蜂窝 8 号中雅大厦 A 座 11 层　100038）
网　　址：www. E-mp. com. cn
电　　话：(010) 51915602
印　　刷：三河市延风印装厂
经　　销：新华书店
开　　本：710mm×1000mm/16
印　　张：13.75
字　　数：212 千字
版　　次：2014 年 9 月第 2 版　　2014 年 9 月第 1 次印刷
书　　号：ISBN 978-7-5096-3200-0
定　　价：38.00 元